子どもをいちばん大切にする学校

奥地圭子◉著

東京シューレ出版

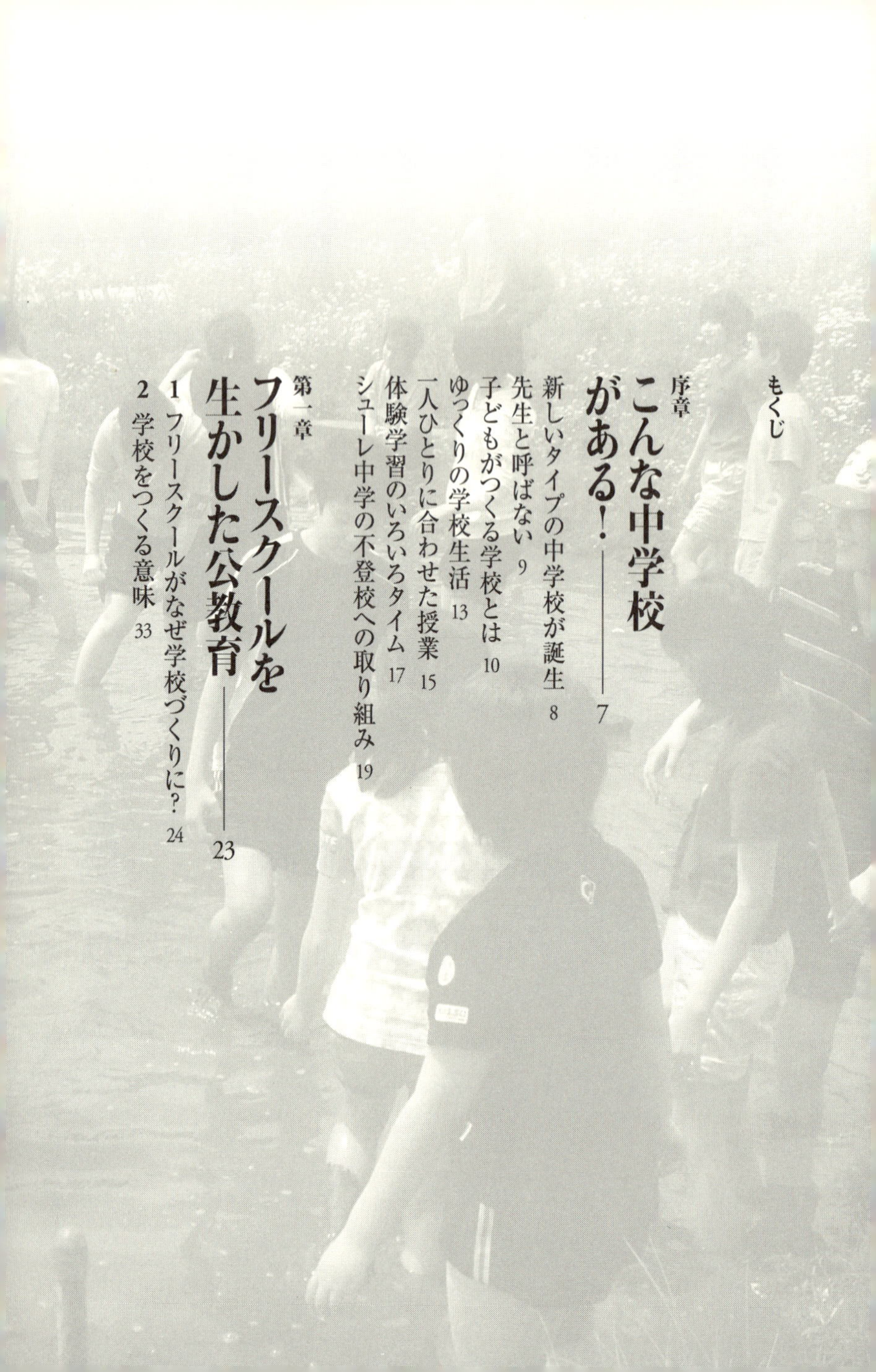

もくじ

序章

こんな中学校がある!

新しいタイプの中学校が誕生

東京と千葉を結ぶＪＲ総武線「新小岩」駅南口に降り立つと、広めのロータリーの向こう側は商店街です。アーケードの下に続く下町の商店街は、昔と変わらず、今も活気に満ちています。商店街を南に抜け、左側にあるバス通路を横切って住宅街へ、駅から一〇分ほど歩いたところに、東京シューレ葛飾中学校という私立中学校があります。

ここは以前、葛飾区立松南小学校と呼ばれ、四〇年前、私はこの学校に勤務する教員でした。

時が流れ、自分の子どもの不登校を経験し、東京シューレというフリースクールを開設して二五年になりました。その二二年目の二〇〇七年に、市民の手による新しいタイプの学校として、東京シューレが母体となり、このシューレ中学が誕生しました。見つかった所は、私が初めて教員として勤め九年間在職したなつかしの場所であったのは驚きでした。シューレ中学の設立は葛飾区との連携で実現したのですが、東京都より学校法人の認可を受け、文部科学省から独自カリキュラムの申請を認められ、国の特区制度を活用して誕生した正規の私立中学校です。フリースクールではできなかった卒業資格を賦与でき、すでに三年間で一〇〇人の卒業生が巣立っています。

中学校の定員は一二〇人、一学年四〇人です。

全校で六クラス、一クラス二〇人までの子どもたちがいます。シューレ中学ではクラスのことを「ホーム」と呼び、ホームメンバーは異年齢で構成されています。つまりどのホームにも、一年生も二年生も三年生もいます。これは、フリースクールが日常的に異年齢で活動したり、学びや遊びをしている良さを、活かしているのです。

先生と呼ばない

教員は常勤十三名、非常勤九名、そのほかにボランティア（学生、保護者）の協力もあります。シューレ中学では、教員のことを「先生」と呼ばないのも、大きい特徴の一つでしょう。教員や職員など学校にいる大人を全員「スタッフ」と言っています。そして子どもたちは名前にさんをつけて呼んだり、愛称で呼んだりします。私は「奥地さん」だったり「ドドちゃん」だったりします。奥地圭子の「圭」は土（ド）が二つだからです。スタッフの石田歩さんは「いっしー」と呼ばれ、田中翔子さんは「ショイちゃん」と呼ばれています。これもまた、フリースクールが子どもとの関係をていねいに築いていたことから来ていると思います。「先生」と呼ぶと堅苦しく、大人が上で、子どもが下という感じがして、言うことをきかないといけない、許可を得ないといけないという感覚を受けがちですが、名前や愛称の方が、人間どうしという感じがして、親しみやすいと子どもたちは言います。ちなみに「校長室」の表示は、堅苦しいと子どもが「奥地ルーム」と命名してくれ、貼り変えられました。もっとも「先生」という呼び方に慣れてきた子たちは、最初は「先生」と言っていますが、自然に「スタッフ」とか「○○さん」に変わっていきました。

シューレ中学のスタッフは子どもとの信頼感を何より大事にしていて、子どもたちも近づきやすい、話しやすいと言ってくれています。職員室をスタッフルームと呼びますが、スタッフルームはいつも子どもがいます。スタッフがいなくても、子どもがデスクで何かやっていたりするので、私が部屋に入った時、見間違えてしまうこともあるほどです。

子どもがつくる学校とは

シューレ中学は「子どもが創る」学校にしたいと考えています。スタッフからすれば「子どもと創る」学校です。子どもが主役であり、子どもが主人公です。学校は、教師や親や教育委員会や文科省が主役で、子どもは指示通りに従い、決められたことをこなしていく場であってはなりません。あくまでも子ども中心であり、子ども自身が主体として育っていくことを大切にしたいと思っています。

そのためには、どうしたらいいのでしょうか。

子どもの声をよく聞き、子どもの気持や意思を尊重し、一緒に考えていくことが欠かせません。また、子ども観をどう持つか、子どもにどんなまなざしを向けるのか、子どもとどうかかわっていくかも重要です。それらはこの本全体からつかんでいただくとして、ここでは、子ども中心の教育を実現するために、どのような仕組みをつくっているかを述べていきます。

まず、各ホームでの「ミーティング」です。人数や内容によっては、二つのホームが合同で行ったりもします。毎週一回あるコミュニケーションタイムを使って、話し合いをします。行事の相談、お出かけ企画などホームで取り組みたいこと、やりたいこと、困っていること、起こった問題、そのほか何でも、誰もが議題を持ち込めます。

次に、全体ミーティング（全ホームミーティング）がときどき開かれます。修学旅行の行き先をどうするか、文化祭の実施方法、全員に関係する生活上の問題などが議題になります。またシューレ中学では、一般に行われている全校朝礼はいっさい行っていませんので、インフルエンザのことなど学校として知らせる時も、全体ミーティングを活用します。議長、書記などは、各ホームから出ている運営委員などが引き受けています。

さらに、各ホームの運営委員が、子ども代表として集まる「学校運営会議」が、月一回開かれます。学校運営会議は、子どもだけでなく、保護者代表、スタッフ代表も参加して、三者で構成する会議で、理事会を除けば最高決議機関です。保護者は各ホームから一人、スタッフは数人出席となっており、子どもはホームから希望で二名出る場合もあるので八、九名になり、全部で二〇名近い参加者で行われます。学校運営会議の議題は、誰からでも出すことができ、学校行事、携帯電話、記念品の決定、ボランティア募金など多岐にわたります。そういえば、掃除の時間はスタッフ案では夕方でしたが、学校運営会議で昼休みになりました。ホームで出されたことが持ち込まれたり、また運営会議で出されたことをホームに持ち帰って討議したり、意見を聞いてまた持ち寄ったりします。学校運営会議の議長、書記、ホワイトボード記録係、お茶係は、三者で月ごとの交代で担当します。「子どもと一緒にやるのは楽しい」「やってよかった」とは、一年間委員を引き受けられた、お母さん方が毎年おっしゃる感想です。

もう一つ重要な役割を果たしているのが「実行委員会」です。周年祭、夏のキャンプ、秋の修学旅行や文化祭、年末お楽しみ会、卒業式にあたる旅立ち祭などは、子どもの実行委員会がつくられ、やりたい子が参加します。ゼロから企画、広報、準備、係の分担、当日の進行などを進め、それをやり終えると、取り組みの途中で大変なことが起こりながらも、とっても達成感があるようで、いい経験をしたという充実感が味わえています。

ゆっくりの学校生活

では、一日の学校生活はどのように進められているのでしょうか。

一般に中学校は学習指導要領によって、年間授業時数が九八〇時間とされています。しかし、シューレ中学は七七〇時間にしています。

それは、文科省に「不登校児童生徒等を対象とした特別の教育課程の編成」を指定申請し、承認されているからです。私は自分が教員をやっている頃から授業が多すぎると感じ、一日四時間くらいにして、たっぷりやりたいことや運動ができるといいなあと思っていましたが、なんと一日四時間が実現しました。午前二時間、午後二時間、朝はゆっくり始まり、昼休みはたっぷりあって、放課後は好きなことがじっくりできる時間が生まれました。

朝のゆっくり開始は、朝が苦手な子、昼夜逆転ぎみの子、遠方から通っている子、外出に時間のかかる子などの子どもたちにはとても助かります。九時四〇分登校、一〇時授業開始ですが、このくらいだとラッシュの通勤電車を避けることもできます。

ホームから授業ルームに移動して、一、二時間目が終わると、さっとお掃除をやって、昼食です。昼食は、お弁当や買ったものを持ち込む子などいろいろですが、食べる場所も、ホームやフリースペース、廊下のつきあたりにあるソファの上、相談室や保健室などそれぞれです。スタッフルームで食べる子もいます。

食べ終わると、ゆっくりのんびり過ごしていますが、体育館やパソコンルームを「開けて」と言ってくる子もいますし、昼休みに実行委員会の招集がかかったりもします。実行委員会は、空いていればたいてい奥地ルームで行います。みんな、お弁当を持って集まり、ランチミーティングという感じです。

午後の授業は一時からスタートして二時間、二時五五分には終わり、そのあとは放課後です。子どもたちが、とても楽しみにしている時間です。

それは、「それ活」が始まるからです。「それ活」とは「それぞれの活動」の略ですが、一般の学校の「部活動」にあたります。しかし、ちょっと違うのです。

新学期、はじめの一週間で、子どもとスタッフ一対一でのテュートリアル（個別相談）を行い、そのなかでやりたいことを聞いていきます。その意見や希望を集め整理して、何曜日に何ができるか決めていきます。スタッフや場所の問題もあり、無限に希望を聞くわけにはいきませんが、できるだけやりたいことは生かせるように考えます。その結果、たとえば二〇〇九年度は次のように行われました。なお、水曜日はスタッフミーティングのため、それ活はありません。

・週一日開催……漫画・イラスト、琴、日本文化クラブ、シューレ通信編集部、剣道、将棋
・週二日開催……音楽・バンド、演劇、美術、パソコン、野球部
・週四日開催（つまり毎日）……スポーツ、学習

この日程ですと、二つやりたい、三つやりたいという希望も生かされます。また、まったく参加せずに帰宅することもできます。それから、部活動に参加せず下校時刻まで図書室で本を読んでいたい、デコボコルームでマンガを読んで過ごしたい、美術室で授業で描いている絵を仕上げたいなど、個別の活動をする子どももいます。

「それ活」のなかに、週四日「学習」というのがありますが、これは、放課後を生かして英、数、国などの教科学習をしたい子どもたちが参加しています。補習的なものでもよく、進学に備えたいのでもかまいません。必ずスタッフが誰かつきます。学習タイムが毎日あることで、一般中学の約八割の時間数では不安があるという子にとって、この時間は学習理解を深めることができます。実際、学力試験のある全日制高校を受けて合格した子のうちに、毎日ここを利用していた子どもが何人もいました。

一人ひとりに合わせた授業

次に授業はどのように行っているでしょうか。

まず、ホーム別で行う授業と学年別で行う授業があります。先述したように、異年齢構成を生かした基礎クラスのホームで、全部の学習が進められないかという案もありましたが、発達段階や理解力、また高校進学なども考えると、年齢を越えて一緒にやれるものは家庭・技術、美術、音楽、体育などで、英語、数学、日本語などは学年別が進めやすいだろうということになりました。また社会、理科は、はじめはホーム別で授業を行っていましたが、やりにくいことが多く、社会は二年目から、理科は四年目から学年別にしています。

それぞれの授業を進めるなかでもっともやりにくい点は、学力差が大変大きいことです。いつから不登校したか、不登校中の学習補充がどうだったかによって、学習したことがない内容があったり、学習したけれど身についていない内容があるなどいろいろでした。

そのことは、開校前から予測していたことなので、スタッフ体制を厚くし、個別対応を多くできるように考え、学年別授業には、教科担任以外にサポートスタッフを二人つけ、一つの授業に三人の配置としました。その体制をとることにより、たとえば、中学二年の数学では小学校の復習グループ、中学校の一年程度を学習するグループ、中二の該当内容を学習するグループと三グループに分かれ、教科担任が統括して進めることができます。

ホーム別で行っている家庭科や美術、体育なども、スタッフを複数配置としました。しかし、さまざまな子どものニーズに対応するため、実習などの内容によっては、三人体制をとることにしました。

学力差以外にも大きい問題は、学習したいけれど集団に入れない子、学習をしたくない子、「する、する」とは言っても、実際は続かないなどの子にどう対応するかがあります。個人学習に応じたり、授業に参加しない子とつきあったりするスタッフが必要でした。

このようなスタッフ配置の細かい部分については、毎朝のスタッフミーティングで、今日は誰がどこにつくかの体制を確認して、一日を始めます。スタッフも出張や休暇、保護者面談、家庭訪問、研修などで不在になることがあるので、朝のミーティングでの配置確認は欠かせません。

体験学習のいろいろタイム

カリキュラムにおけるもう一つの特徴は、体験学習、総合学習にあたる「いろいろタイム」でしょう。

シューレ中学では、学びについて広くとらえる考え方をしています。数学、英語、日本語などの教科学習も、もちろん大切です。しかし、とかく学習というとプリントやテスト、レポートなど、机に向かって読んだり書いたりしながら記憶したり、答えを出したりすることをイメージしがちです。しかし、ものづくり、行事づくり、仕事体験、ようこそ先輩など、一見、学習をしているとは見えない取り組みを通して、実際に子どもたちはとても大きく成長します。おそらく、五感を通して、新しいものに触れて感じ、考え、企画し、うまくいかない点に悩み、工夫してまた取り組む、そのような体験が、人間を全体として総合的に育てているし、また幅を広げることもできます。いろいろタイムの多くは、自分たちが中心になって考える点でも、子どもの意欲をひき出します。

この「いろいろタイム」は、フリースクールで長い間経験してきた活動で、シューレ中学でも取り入れました。まる一日、その日は細かい教科授業を入れず、体験活動にあてるのです。はじめ、文科省にカリキュラムの指定申請を提出する時、それが認められるかどうか心配しましたが、「子どもがつくる学校」の目玉の一つであり、また不登校の子どもたちにとって他者とともに何かを作る経験不足を補う意義も強調し、承認されました。

なお、三年目の二〇〇九年度、この「いろいろタイム」のなかに、月一回、一つのテーマを継続的に取り組むプロジェクトの時間をとることにしました。三年間実施したことをふり返ると、文化祭や修学旅行づくりは別として、いろいろな活動をしているものの、焦点がぼやけてしまうこともあり、自分でこれに取り組んだという達成感につながらないのは惜しい、という意見から生まれました。

そこで合計年一〇回の、自分が選んだプロジェクトに継続参加し、年度末の二月には全員で活動内容の発表会を行いました。プロジェクトのテーマは、子どもの希望とスタッフが提案を出し合い、次の活動を行いました。

・スポーツ科学プロジェクト　・国際理解プロジェクト　・アウトドアプロジェクト
・もの作りプロジェクト　・マンガを描こうプロジェクト　・写真プロジェクト
・パソコンプロジェクト　・映像研究プロジェクト　・動物プロジェクト

シューレ中学の不登校への取り組み

シューレ中学は、不登校の子どもを対象とした私立中学校です。不登校の子どもたちは一般に、学ぶ場や機会が失われ、未来への希望を失っていたり、孤立感や罪悪感、ひけ目に苦しんでいる子が多いと言えます。子どもたちに寄り添い、安心感や自信を回復（または獲得）してもらい、学ぶ権利を保障し、自立に向けての成長支援をする場として、シューレ中学を開校しました。

もっと言えば、不登校の子どもの、不登校の子どもによる、不登校の子どものための学校であり、不登校を経験した子ども、不登校ぎみの子ども、通学してはいるが、所属学校が自分の個性に合わなくて苦しんでいる子どもを受け入れる学校です。なかには、「発達障がい」と診断されたり、病院に通院中であったりする子どももいます。

私たちは必ずしも不登校だけとは限らず、誰でも受け入れていきたいという思いを持っています。

しかしこの学校は、準備段階のとき、行政より「不登校対象の学校であり、だからこそ結果的には廃校も活用でき、学習指導要領も緩和されるわけです」と説明を受け、その条件を生かす学校づくりを考えました。

また、実際に動きだすとやりやすい点もありました。

不登校ということが入学要件になるため、選考時の書類には、本人や親に志望理由など書いていただくシートのほかに、在籍する学校から不登校を証明する書類をいただきます。つまり、欠席日数が年間三〇日以上を不登校と文科省は規定していますから、その確認がいるのです。

入学前の面談で保護者に対し「入学要件は大丈夫でしょうか」と尋ねると、保護者の方はニコニコして「ええ、うちはばっちりＯＫです。なにしろ、二年間はまったく学校へ行っていませんから」と、堂々とお答えになります。そして、私たちと保護者はつい一緒に楽しそうに笑ってしまいます。そうだ、これが本当だ、なぜ不登校した子どもとその親は選考の時、欠席が多かったということで縮こまって、申し訳なさそうに「それでも入れてもらえませんか」と言わなくてはいけないのでしょうか。堂々と選考にのぞめるのはいいなあと思ってしまうのです。

ではこのシューレ中学では、不登校支援のために、どんな仕組みと考え方を持っているでしょうか。

まず、不登校はだめなことで、不登校した自分は弱い、劣っている、心の病にかかっている、などといった否定的な考えを持っている子どもが多く、これを変え、自己肯定感を育てていくことが基本的に重要です。

その具体的な取り組みとしては、先述したホーム、スタッフ体制、子ども中心の活動、子どもに合わせた授業、体験学習のプログラム、ゆったりした学校生活などがあり、それ以外に不登校経験者などの話を聞く「ようこそ先輩」、「進路支援」、「保護者の理解をすすめる」「マイペースで通う」「休むことは悪いことではないという認識を育てる」「フリースクールとの交流」などを意識的にすすめています。

また、「学習の記録」という通知票も、休んでいる子が自責感を強めないように、点数評価ではなく、自己評価とスタッフによる文章評価にしています。出欠欄にも工夫があり、出席、欠席という表示でなく「学校に通った日数」「家で過ごした日数」としています。

当然ながら、シューレ中学に入ったとしても一〇〇パーセント登校するようになるとは考えられないことで、六〜七割の子は通ってきますが、在宅の子やときどき通う子は二〜三割います。

つまりシューレ中学にも不登校の子どもがいるのです。その主として家にいる子の支援については、この三年間でかなり充実してきました。スクールソーシャルワーカー二人による家庭訪問、週一回の出会いの場のサロン、学習支援、お出かけ企画、インターネットのチャットを使ってのつながり、ホームスクール通信発行、ホームスクール親懇談会、そして文科省制度の「IT等の活用による出席認定」の実施など行っています。三年目の文化祭では、ほとんどの在宅の子どもが参加して、展示や手芸、お弁当の店などをやりました。

こういった活動をしている部門を「ホームスクール部門」と呼び、その子どもに合った支援を見つけようとしています。私たちは、家庭にいたら成長できないと考えるのではなく、家庭でも成長したり学べることはいろいろあると肯定的にとらえ、広い学習観を持つことによって、コンプレックスでなく、自信を持ってもらいたいと思っています。

なかには「シューレ中に入れば、安心して不登校できるので希望した」と入学された方もいます。

そのような方法でやって、進学できるのかというご質問をたくさん受けましたが、一年目も、二年目も、三年目も、卒業生の八〜九割は高校や専門学校へ進学、そのなかには、ホームスクール部門の子どももけっこう入っています。むしろ好きな絵やデザインのセンスを磨くなど、進路選択が本人の望むように実現した子どもがかなりいます。

私たちは子ども中心の教育を子ども、保護者、スタッフ三者の参加でつくろうとしています。子ども中心の教育とは、子どもが自治的に活動する活発なイメージが強いですが、一人ひとりに寄り添い、個性を大切に、個別性の高い多様な教育支援を行うことも含まれます。

ほかの学校に行けなくなった子どもが、シューレ中学ではなぜ来れるのか、そもそも学校とは何なのか、今、どんな教育が求められているのかを、私たちの実践を紹介するなかで、一緒に考えていただければ幸いです。

第一章

フリースクールを生かした公教育

1 ● フリースクールがなぜ学校づくりに？

東京シューレは、登校拒否激増のさなかの一九八五年、学校外の居場所、フリースクールとして東京都北区に設立、一九九九年には、東京都よりNPO法人として認証を受け、活動してきました。小・中・高等部の通いの場だけでなく、一九九四年からは在宅支援活動としての「ホームシューレ」や、一九九九年から「シューレ大学」の活動も加わり、チャイルドラインやひきこもりを対象としたサロン、学生ゼミ、相談活動など多彩な活動をするほか、登校拒否・不登校を考える全国ネットワーク、フリースクール全国ネットワーク、全国不登校新聞社など、NPO法人で不登校関係の活動をしている全国団体への協力・連携も行っています。学校外の学ぶ場・居場所をつくり、その必要性を訴えてきた東京シューレがなぜ、学校づくりに踏み出したのでしょうか。

東京シューレ開設から十七年たった二〇〇二年一〇月、内閣府より、時の小泉内閣が掲げた構造改革特区のプログラムが発表されました。これが、シューレ中学開校のきっかけになったといえばいえるのですが、当時、私たちの認識は「特区構想」が発表されても、市民の誰でもがやっていいものとは思っていませんでした。

その頃、私たちが力を入れていたのは、高等部の通学定期問題でした。フリースクールの小・中学校生に対する割引の効く通学定期券は、一九九三年四月より適用されるようになっていました。これは一九九二年、第一回学校不適応対策調査研究協力者会議が最終答申を出し、「誰にでもおこり得る登校拒否」と当時の文部省が認識転換を発表した際、民間施設のガイドラインも発表され、半年後には校長裁量で民間施設への出席日数を、学校の出席日数に認めるということが全国に通達されました。そのような方向性は一年前の中間報告でわかっていたので、東京シューレの子ども・親・スタッフが一緒になって、割引の通学定期実現を求めて運動しました。全国的に大きく署名運動を展開し、国会議員の協力もいただき、子ども・大人が一緒に国会傍聴にも行き、三年間の運動ののち、一九九三年に実現していました。

ところが、高等部の通学定期は、その後何度も何度も挑戦するのですが、なかなか進展しませんでした。国会議員会館の部屋を全部回らせていただいたり、議員の賛同署名を一〇〇人以上もらっても実現にはいたりませんでした。

またフリースクールは、学校でないがゆえに公的助成が受けられません。親たちは不況になって久しいなか、それでもわが子の居場所がほしい、友だちづくりや学習の場がほしい、子どもがそこなら行くというなら、お金は何としてでも用意しようと会費を出しあって運営されてきました。しかし、それも苦しく、リストラなどで家庭の収入の変動があると、子どもたちが不安そうな顔で「シューレをやめなきゃいけないかもしれない」とスタッフに言ってくることもありました。

そんな状況でも、高等部は通学に割引が効かないため、大人の通勤定期で通うしかありません。それが負担に輪をかけていました。

もう、これは何がなんでも実現するまでやりぬくぞ、という不退転の決意で、二〇〇一年に運動を再開しました。いや、再々々々開くらいと言っていいでしょう。子どもたちとともに、たくさんの議員に会い、ヒヤリングをしていただく党を見つけては出かけていき、JRのトップに近い方を紹介してもらい、会いに行き、また文科省の担当官に会い、とにかくやれることは何でもやりましたが、見通しは立ちませんでした。

その時、ある国会議員から電話がかかってきたのです。「特区のことを知ってますか？もしかして、奥地さんたちがなさろうとしていることは、教育特区を使った方が早いかもしれませんよ。市民でこうしたいということも、今ならどんどん提案できるんですよ」。

その後くわしい説明を聞くことができました。

私をはじめスタッフは、初めて特区に目を向け、構造改革の賛否はともかく、どんな制度が決まり、どのように子どもにとっていい状況に変えられるのか、調べたり、考えたりしました。そしてフリースクールの内容で、正規に公教育の場がつくれる可能性を感じました。

まず、教育特区の二つの要件は、使えそうだと思いました。

一つは「校地・校舎の自己所有要件の緩和」です。

普通、学校をつくるには、東京都内で約五〇億円必要と言われています。正規の教育機関として通用させる場をつくるためとはいえ、私たちにそのようなお金はありません。

でも今、学校は少子化の影響で統廃合がすすみ、使わない校舎がたくさん出ています。しかし法律では、学校をつくる法人が自分で校地・校舎を持っていないと認可されないようになっていました。特区として認められれば、そこを規制緩和して借りてやってもいいというわけですから、市民にとっては、自分たちがつくりたい学びの場をつくるチャンスでした。

でも、いくら場所が確保できても、内容が子どもにそぐわなければ、子どもたちは見向きもしないでしょう。ところが、教育特区ではもうひとつ、要件が示されました。

二つめの「学習指導要領の緩和」です。

これまで、全国どこの学校も、学習指導要領の教育課程にしばられています。私はこれが自由になったらどんなにいいだろう、子どもや地域に合わせて教育ができるのに、と感じて来ました。テスト競争が可能になるのも、日本中が学習指導要領一本にもとづく教育になっているからで、それぞれが多様であれば、テストの点数で比べられないのではないか、とも考えていました。不登校の子どもたちが来るところが、従来の学校と同じ教育内容では、やはり拒否感や合わなさを感じて、やっぱり行きたいとは思わないだろうな、とも思っていました。だから「学習指導要領の緩和」は重要であり、これなくして子ども中心の教育づくりはあり得ないと思いました。

文科省への正式提案は「不登校児童生徒を対象とした新しいタイプの学校の設置による教育課程の弾力化」と示しました。

この二つの要件は、検討する価値があると考え、まずはスタッフ内で学習したり、検討したりしました。

私たち東京シューレでは、その二年前の二〇〇〇年に、ＩＤＥＣ（International Democratic Education Conferense）を東京で開催していました。「世界フリースクール大会」と日本側で名づけたこの大会は、子ども中心で学びの場をつくっている多くのフリースクールが集まり、交流しました。子どもたちの活動はすばらしく、参加者は延べ三三〇〇人にもなり、子どもたちは世界のフリースクールですばらしいところがいっぱいあることを知り、フリースクールで育つことに自信を持ち、エンパワーされました。また、一九九九年にはイギリスのサマーヒルスクールやサンズスクール、一九九八年にはウクライナのフリースクールに行っていたことが、二〇〇〇年のIDEC開催につながりました。その後、二〇〇一年には、ニュージーランドのIDEC、二〇〇二年にはアメリカのIDECに参加するなど、海外のフリースクールとの交流は、何十団体にもなっていました。

そして、出会った海外のフリースクールがうらやましいとも思いました。海外においては、フリースクールの卒業が社会的に認められ、それは進学にも就職にも通用するし、また公的支援も支出されているところがかなりある、ということでした。なかには、家庭で育っているホームエデュケーションの子どもにも、税金から公費の教育費が出ている国もあり、驚きでした。

日本のフリースクールも公的支援を求める声は強く、二〇〇〇年IDECの次の年に誕生した「フリースクール全国ネットワーク」でも、公的支援や高等部通学定期をはじめ、学校の子どもと比べ奨学金も対象外、映画館、博物館、美術館など学生割引も対象外、スポーツをやりたくても公的機関が所有しているグラウンドや体育館の空きを探すか、お金を出して借りるしかない状況を訴え続けてきました。

フリースクールに子どもを通わせている親の立場からすると、税金をきちんと支払い、学校教育を支えているのに、自分の子どもが不登校になりフリースクールに通う場合、それはすべて自己負担ということに、理不尽さを感じている人も多いのです。とりわけ義務教育期間は、国が学ぶ権利を保障するのも当然ではないかと考えます。

子どもは子どもで、不登校によって親に経済的な負担をかけるのは、自分がだめな人間だからだと感じ、自責の気持が強まることにもなります。とにかく公費の実現は必要不可欠でした。

これらのことを考えると教育特区を活用して、フリースクールの公教育化を考えてみようという機運が盛り上がりました。

これだけ、フリースクールが社会的に意義ある仕事ができているのだから、フリースクールが日本社会において正規の教育機関として通用してほしいと思いました。

また公的資金のほかに、学校とフリースクールの二重籍の問題にも困っていました。フリースクールでは現在の法律上、子どもに卒業資格を出すことができません。そのため、不登校になった学校に籍を置き、フリースクールにも籍を置くという「二重籍」になっています。

つまり、進級・卒業資格は子どもが所属する元の学校の校長裁量にあり、そのため卒業させる、させないとか、させるから三月だけ登校しなさい、日記を出しなさいなど、本人の意に反する要求で、トラブルがたびたび発生していました。その調整をしたり、無理解な校長には面会に行ったり、教育委員会ともめたりもしました。

私はそのたびに、形式上所属しているところで卒業するのでなく、実質的に育っているところで卒業できたら、どんなにいいだろうと思いました。そして「今は、過渡期だな」と考えました。もし、制度が子どもの実態に合っていれば、子どもも保護者も私たちも、こんなことで身がすり減る思いをしなくてよいのですから――。親の方のなかには、言っても言ってもわかってくれない学校との交渉に疲れはてて、もうどうでもいいという気持ちになっている人もいました。

「もしかしたら、奥地さんたちの願いは、教育特区で学校が実現すれば早いかもしれない」とアドバイスされたことから、スタッフとも以上のような点を話し合い、理事会や保護者会に提案して検討を進めることになったのです。

シュタイナー教育、教育多様性の会などと一緒に学習会を持ったり、議員や官僚が参加する院内集会も行われ、「NPO法人学校」の可能性が語られました。

東京シューレの理事会、保護者会では賛成・反対両方の意見が出ました。

賛成の意見としては、公的に認められること、二重籍の解消、不利益の解消、チャンスを生かす、廃校が借りられればグランドや体育館、そのほかの施設が使えてよい、社会的に強い、など子どもの権利が広げられる点があげられました。

反対の意見は、学校は行政から監視されるのではないか、不登校なのだから学校の建物は嫌いな子どもが多いのではないか、学校になってしまうと違和感を持つのではないか、フリースクールの良さが失われるのではないか、など不安な点が出されました。

当時、NPO法人がつくる学校のイメージは、「学校」という言葉に反応する人が多く、考え方はまちまちでしたから、すんなりとまとまりませんでした。「学校」はすべて拒否したい、ろくなものではないという人から、「子どもが安心できる学校をつくることこそ大事」「いや、ここは学校外だから、良い学校をつくる努力は、学校でやってもらえばいい」までさまざまに出されました。

その時、たまたまペルーから、ナソップという子ども自主組織の運営委員の子どもが来日していて、この議論を聞いていました。そして、最後にこう言ってくれました。

「子どもが幸せになればどっちでもいいのではないですか。今のままが幸せなのか、変えた方が幸せなのか。どちらが正しいかでなく、どちらが幸せになれるかが大事です」。

結局、やってみる方向で進め、良くない条件が出てきたら撤退しよう、ということで合意して二〇〇二年が暮れました。

二〇〇三年一月の保護者会ではもっと徹底してプラス、マイナスを考えました。

また、内閣府の四回の提案募集に対して、東京シューレも大小含めて八件の提案を出しました。たとえば、政府が考えていたのは、「学校法人」でしたが「NPO法人のままで、学校が設立できないか」と提案しました。それが何と認められ、NPO法人のままで学校設立ができることになりました。それを受けて、学校教育法の第一条が変更されるほどの変化でした。これは驚きでした。

そして「学習指導要領の緩和」についても規制緩和の対象を小中学校のみでなく、高校も対象にしてほしいと要望しました。これもムリではないか、いや、だめもとでやってみようとさまざまな意見のあるなか、提案してみたら採用され、この時は手をたたいて喜びました。これでフリースクールと同じように、小学校から高校までの学び場がNPO法人のままで可能になる、つまり今の東京シューレのままで、社会に通用する学び場ができる、フリースクールの公教育化ができる、と思ったのです。

2●学校をつくる意味

ここまで、フリースクールを運営してきた立場から、フリースクールの公教育化を求め、子どもたちの学ぶ権利の保障をさらに充実させるという主旨で述べてきました。

シューレ中学は不登校の捉え方と対応において、一般学校とは大きく異なり、不登校を肯定的にとらえ、自分の個性やペースを尊重し、不登校で家庭にいる子どもを否定せず、成長支援も行う教育活動を行っています。

学校へ戻すことを目的に不登校対策が行なわれ、それに苦しむ子どもたち、またそうでなくてはならないと考えて四苦八苦してきた保護者たちに、学校復帰だけではないという広い視野と、子どもを信頼し尊重しつつ育っていく道があることを、この三年間で示してきました。そして、不登校になってからの無理解や存在の否定、自他への不信感、成長できていないのではないかという不安を乗り越え、傷を癒し、エネルギーを充電し、自己回復する場として、さらに未来への希望と自立へ歩むことを可能にする場としての意味をもたらしたと思います。

しかし、私は、私たちが学校づくりに取り組む、もう一つの意味があるとずっと思ってきました。

それはわが子も含め、三〇年以上も登校拒否、不登校の子や親と接し続けてきた私が、毎日毎日感じてきたことと関係します。子どもたちは登校拒否・不登校になるまでに、こんなにも傷つき、つらい目にあっていていいのかという問題です。

私たちが東京シューレで出会う子、親の会で話を聞く子、電話で相談を受ける子、数え切れない子どもたちが、つらい経験、傷つく経験をし、恐怖感、不安感でいっぱいになり、ストレスをため、自分を抑え、演じつつ、日々を送っています。いつもがんばらないといけないので、精神的、肉体的エネルギーを出しつくし、これで限度というところまできてしまいます。そのかげには、成績競争にどこまでも勝っていくことを期待され、また実際にそれを担わされており、伸び伸びと子ども時代を送るわけにいかない状況のなかで生きているということがあります。

このような教育は子どもたちに強いストレスを与えており、いじめやいじわる、からかいやちょっかいなどで、ためたストレスを発散するしかない状況が蔓延しています。いじめにあえば、いや、あい続ければ不登校にもなります。いや、不登校をした方が心身を守れるのです。しかし、教育行政も親も世間も、学校は行くべきものとして、病気でもないのに休むのは認めません。「生き地獄」というほどつらいのに、「休んではならない」と脳にインプットされていれば、楽になるには死ぬしかありません。こうして数多くのいじめ自殺は起きました。今も死ぬのをガマンして、いや欠席をガマンして、登校し続けている子どもたちがいるのを私たちはよく知っています。

ここに細かく書きあげることができませんが、子どもたちは学校に行かなくなるまでに、とても苦しい思いをしてきています。言葉にならないことも含め、また、言葉にやっとなったとしても、おそらく全体の一〇分の一か一〇〇分の一が表現されているだけであろう、と感じる日々でした。わが子の登校拒否の頃もそう、登校拒否を考える会を作ってから二六年間の毎月の例会でも、相談で持ち込まれる例でも、東京シューレを開設して二五年間出会ってきた子たちもそう、三年前、東京シューレ葛飾中学校を開校して出会ってきた子どもたちの話もそうなのです。そのほか「登校拒否・不登校を考える全国ネットワーク」や「フリースクール全国ネットワーク」で出会った子どもたち、全国不登校新聞社を立ち上げて、そのつながりで出会った人たちを通して見える教育も、子どもを傷つけ、痛めつけている現状を肌に突きさるように感じてきました。

多くは、学校問題であり、学校状況がからんでいると思いましたが、家庭によって傷つき、不登校につながっていると感じられることもありました。

むしろ、家庭は学校へ行きしぶったり、行かなくなってから、不登校であってはならないと、子どもにとってむごい対応をしていることもあります。それも、学校へ行くことは当たり前だから、むごい対応と感じていない保護者が多いのです。その背景に、学校復帰を前提とする国の不登校政策があると私は感じるのですが、世間の常識を身にまとった保護者は強制的に子どもを登校させようとしたり、登校を期待するので、子どもは苦しさと不信感と不安感でいっぱいの生活となります。日本では高度成長・高学歴化した頃から、社会における学校の位置がとても重く、絶対化されていったのです。

私は長い間、不登校とかかわりながら、学校自体が変わる必要性を感じてきました。学校は、この社会に生まれた子たちが、学び成長していくことを社会から応援され、お金のあるなしに関係なく、自己を伸ばし、知識・技術・感性を磨き、やがて自立して社会の一員になる準備をしていくところです。幸せになるために、教育はあるのです。

登校することによって、こんなに苦しい思いを味あわせるのはおかしいのです。

フリースクールに来て子どもたちが生き生きし、楽になる、その子のすばらしい力を発揮する――その姿を見て、私は学校もそうなったらいい、もっと変えるべきだと考え、それを周囲の人たちに伝えました。

しかし、多くの反応は「フリースクールだからできるのよ」「学校は無理よ」「学校はそういうところよ」というものでした。そう思うことで、学校を変えることをあきらめることになってはいないでしょうか。少ないとはいえ、楽しい、おもしろい、安心できる、子どもが好きな学校はあります。憲法と教育基本法では、子どもの教育を受ける権利として、学校教育を位置づけています。学校は諸刃の刃という面もあって、国家の出先機関として、国家社会の求める人づくりの役割を果たせられる面もあります。しかし子どもの基本的人権の尊重と、一人ひとりの子どもの未来をできるだけ幸せなものにしたいという、親・市民の信託に応えなければなりません。いや、できるだけ子ども・親が学校づくりをともに担い、市民がつくる学校を実現させなければならないと思っています。

ですから、学校や教育を変えたいという思いを抱き続けてきた三〇年でもありました。不登校は、なぜこんなに子どもを傷つける学校教育が放置されているのだという問いを、学校や社会につきつけてきたことでもあると思います。

おそらく、教育関係者からは、放っておいたわけではない、日々努力しているという答えが返ってくるでしょう。しかし、なぜ子どもが楽にならないのでしょうか。こんなに傷ついて不登校になるのでしょうか。もしかしたら努力の方向が違うのではないでしょうか。

大人がよかれと思っても、子どもには違った答えがあるものです。いや、大人に合わせた答えしか返ってこない場合もあります。また、わざと反発している場合もあります。

子どもの本当の声を聞きながら、学校をつくり変えたいと、傷ついている子どもたちに会うたび、考えました。そして本当に、子どもが安心して集うことができ、信頼して他者とかかわり、楽しく学び、一人ひとりの主体が育ち、子どもが主人公の学校をつくることによって、学校が変わるのではと思ってきました。

こんな日本の教育を少しずつ変えたいという思いが深くあっての学校づくりへのスタートでもありました。

第二章

シューレ中学の
設立奮闘記

1●手探りのスタート

学校は、そもそもどうやってつくるのでしょう。

私は小学校の教員として二二年間働いていました。教員を辞めてからも親の会やフリースクールで、不登校について毎日、話を聞くわけですから、学校のことは終始、話題に出てきます。相談のなかで、一緒に考える時にも学校のことを想像します。また、学校の先生や校長先生、教育委員会の前でも学校について話すことがあります。

したがって、学校のことはある程度知っているつもりでしたが、学校をどうやってつくるのかはさっぱりわかりませんでした。

そうか、私は用意された学校の器に入って、与えられたなかで仕事をしていたのだ、と思いました。

今度は自分でつくるのです。仲間とともにつくるのです。ワクワクもするし、大変そうでもあるし、未知への挑戦でもありました。

私たちの学校のつくり方は、一般の学校のつくり方ではなく構造改革特区を活用することからスタートしたいきさつは、前章に述べました。

一般には、学校は国・県・市区町村などの公的機関がつくるか、資産のある法人が学校法人の認可をとってつくるかですが、そのどちらでもない東京シューレは、特区を活用することにより、市民として、NPOとして学校をつくることを進めたわけです。

内閣府からの回答で、NPO法人のままで学校づくりが可能になったわけですが、これは日本の教育史上、大きな変化でした。早速、三月には全国紙でNPO立学校への期待や、特区による新しい学校づくりへの動きが報道され、東京シューレも取り上げられました。

私たちは、政府は何をやろうとしているのか、どういう構想にすれば子どもたちが安心して成長できるようになるのかなどについてつっこんだ議論も続けました。NPO法人でつくるのが、自由な学校づくりにはいいだろうという点では一致するのですが、大きな問題はNPO法人立学校は公的資金が出ないことでした。でもこれまでも何とかやってきたのだから、卒業資格が出せる正規の教育機関になれば、人も集まるだろうし、やってみようという方向でした。ただ、株式会社も特区に参入してくるとのことで、そもそも構造改革の政治路線をどう考えるかという議論もありました。

六月は規制改革集中受付月間となり、東京シューレは、教員の免許がなくてもフリースクールのスタッフ経験があれば働くことを可能にする、など何点かを提案しました。

自治体も特区による不登校の子ども対象の学校づくりを考えはじめたところがあり、七月には高尾山学園の設立を準備している八王子市教育委員会の視察を受けました。

たまたま、その日はフリースクールのなかでも特に鉄道好きな子どもたちが、一年半もかけて、自分たちの設計や溶接、施盤作業の結果でき上がったミニトレインを、新宿シューレのホールで試運転する日でした。埼玉県秩父市にある鉄道を作る工場に通ったり、車関係で働くお父さんたちの協力を得たりしながら、レールと機関車を完成させたのでした。不登校の対応やカリキュラムなど熱心に質問されたあと、試運転には大勢のシューレの子どもたちに混じって見学されていきました。

後日談になりますが、一年後に高尾山学園が開校し、私たちはシューレ中学開校後、約一年たってからフリースクールスタッフと中学スタッフが十数人で訪問させていただきましたが、具体的なことがいろいろ参考になりました。とりわけ、公立でつくる場合は定員がない、入試選考がなくてすむ、という点がとてもうらやましく思いました。

こういった、公立と民間NPOで行ったり来たりする交流があることがいいと思いました。

NPO法が一九九八年に成立し、東京シューレも九九年に都より認証を受け、二〇〇〇年度よりNPO法人として活動してきましたが、この特区構想の盛り上がりはNPOと行政の交流・連携が進んだ時期であり、さらに特区への取り組みによって、よりいっそう進んだといえましょう。ひと時代前の市民団体と行政の関係は、交渉相手であり、うっかりすると敵対して溝が生じた時代は、変わりつつあったのです。

十一月にも、都の規制改革集中受付月間が設置され、第四次提案の募集があり、十二月の暮れも間近いころ、回答が発表されました。シューレも応募しましたが、フリースクールで五年以上の勤務経験があれば、教員免許が無くてもいい、などは通りませんでした。

シューレは十二月にも特区学習会を開き、しだいに具体的に進め方を考えるようになりました。

2●場所さがし・行政さがし

NPO法人として、学校づくりに踏み出そうにも、東京シューレと組んで特区学校をつくる行政を見つけなくてはなりませんし、活用可能な廃校を見つけなくてはなりません。

少子化時代ですから、廃校はどんどん出ています。建物も土地も広い、国民の税金がつぎこまれて建てられ、維持され使われてきた学校が、空家同然に放置されているのは、とてももったいないことです。

私たちフリースクールやNPO団体は、それまでにも、安く場所が借りられないものか、無料でこういった公益的活動に貸してくれるところはないものかと考え、いろいろ調べてはいました。東京シューレも、九〇年代後半、東京二三区全域にあたったことがありましたが、意外とむずかしく結局、民間の同じビルにまだ借り続けています。廃校が見つかっても、どこかの大学や高校が建て替えるための期間、何億というお金で貸すことになっていたり、耐震工事ができていないため貸すわけにいかないと断られたりしました。市民から廃校の活用について募集中で、案をまとめ、委員会にかけ、議会を通さないといけないから実際使うまでに何年もかかる、区民のものだから特定の団体のみに貸すわけにいかないなどといった対応もあり、実現にいたりませんでした。

でもそのときから数年たち、もっと廃校が増えているだろうし、特区に協力してもいいところがあるだろうから、足で歩いて調べてみよう、ということになりました。

まず、東京シューレの存在する区である、新宿区、北区、大田区の三つにあたりました。新宿区は当時女性区長で、東京シューレの仕事にも理解があり「大いにいいことです。協力しましょう」とおっしゃって下さいました。

二〇〇三年六月、九月、十一月、そして年が明けて一月と区役所に足を運びましたが、借りられる場所が見つかりませんでした。廃校がだめなら別のところでもかまわないと考え、新宿区内にある幼稚園の廃園、お寺、大学構内の建物まで探しましたがありませんでした。北区も大田区も、廃校は二、三か所ありましたが、どれも検討をしてもらえるような状況ではありません。

四月には、新宿区若松の出張所跡を区より借りていた新宿シューレの建物で、NPO法人立学校ができないかも検討しました。しかし面積に無理があり、この案をあきらめ、二三区全部に対象を広げ、スタッフが担当区を決めて探しました。企画課や管財課が面会を承諾してくれたところには、時間のやりくりをして必ず出かけました。

そのうち私が訪問した区では、親切なところや「日常的にも不登校の相談があると、シューレを紹介しています」という区もあれば、ケンもホロロな対応のところもありました。ある区では、電話窓口がとてもよい反応であったのに、いざ会ってみると、上司が手の平を返したような態度で「貸してもいい校舎なんてありません」と言われてしまい、「フリースクールは子どもを甘やかしているだけで、公のものを使えると思うのは間違い」という意味のことまで言われ、「変だなあ」と思いました。お礼を述べて、エレベーターまで戻ってくると、応対した職員が「すみません、廃校はないことはないんですが、上司が東京都に伺いの電話をしたあと、態度が硬化しましまして……。シューレさん都と何かありましたか?」と言われました。

なるほど、理解できなくもないことでした。

文科省も東京都も、学校復帰を目標とする不登校政策を押し進めてきました。文科省とはたびたび会って話し合い、たとえば、SSP(スクーリング・サポート・プログラム)という不登校政策の予算化にあたって、民間レベルも対象にしてよい、という文科省方針をとりつけました。都道府県レベルで募集がはじまり、早速応募したところ、都の段階ではねられました。理由を尋ねると東京シューレの案内書には「学校復帰を指導するという文言がないから」と言われました。「学校復帰」は、高校・大学進学も含む広い意味でかまわないと文科省が言っているし、子どもの気持ちを尊重することが大事で、もし子どもが学校復帰したければ応援してきたし、無理に学校へ戻させることがよくないという考えだと、いくら説明してもだめでした。

それは、小・中学校の通学定期の問題についても同様のことがあり、ほとんどの学校は通学定期券の証明書を発行してくれるのに、出してくれない校長がいて、もめるわけですが、そのかげに「都がいい顔しないんですよ、シューレさんに協力すると」と言われたこともありました。

中学校づくりのための学校探しに、各区の窓口の職員に、いちいちそんな事情を話していられませんから、「不登校の対応については、いろいろな考え方がありますが、都の方針と必ずしも同じではないことが影響したかもしれません」と言いました。「気を悪くしていませんので、気になさらないで下さい」と言った区もありました。

まとめていうと、行政が理解を示してくれたところは廃校がなく、廃校があるところは行政が受け入れてくれず、両方そろうところがなかなか見つからなかったのです。

そのなかで唯一、場所もあるし、行政も考えてみていいですよと言ってくれた区が、葛飾区でした。あとから考えると、窓口の企画課の担当者が行政とＮＰＯの連携について、真剣に考えておられたからだと思います。私はかつて自分が勤務していた学校が、数年前に閉校し、その閉校記念式典に出席していたので、「あの跡がどうなったかな」と思っていました。問い合わせの電話で「あそこは町の人たちが地域開放として使っているし、創業支援施設としても使うので、そこではないが、別のところに廃校があります」ということから、会って下さることになりました。

二〇〇四年六月一日、私と担当スタッフで葛飾区役所を訪問し、企画課にＮＰＯ法人立学校を特区で設立したいと提案しました。そして十四日には提案書を提出しました。この時、ほかの区とも交渉して提案書を提出していましたが、病院関係の研修機関に決まってしまいました。その後葛飾区とは七月も八月も来訪して、提案をつめていきました。

この場所探しの頃は、東京シューレでは毎月一回、夜に政策提言委員会を開催して、これらの情報を検討し、次の行動についても相談していました。二月には「学校設立準備会」を作って、学校づくりに取り組むための規約がいると考え、検討をはじめました。

五月と九月にはシューレの父母に向けて、特区による学校づくりの学習会兼懇談会も開催しました。とくに九月には、特区によるフリースクールの学校づくりについて、イメージを出し合う議論をしました。メリット・デメリット、普通の学校のようになっていくのではないか、学校になることで縛りがあるのではないか、雰囲気が変わらないか、スペースの存続をどうするのかなど、さまざまな意見が出ました。

一〇月には、「政策提言委員会」のもとに「フリースクールの学校検討会」を保護者とスタッフで設置し、毎月開いていくことを決め、十一月五日に、その第一回会合を開催しました。王子、大田、新宿各スペースの親の方々とOB・OGの親、OB・OG、スタッフたちで、どんな学校にしたいか話し合っていきました。

3●「学校法人」でつくる

二〇〇四年十一月、私たちと手を組んでNPO法人立学校を検討していた葛飾区から、驚くべき提案がありました。六月に提案書を出してからなかなか返事がないので「どうしたんだろうね」と心配していたところでした。

十一月三〇日、葛飾区役所に伺うと「条件を変えていただければ、特区による学校づくりを受けていいということになりました」という回答でした。

その条件とは、NPO法人立学校ではなく、学校法人立の学校でした。理由はいろいろあったと思いますが、NPO法人立学校は全国で初めてで、区としても何をどうしていいかわからないこと。また、区議会を通し、区民の理解を求めるにはあまりにわからないことが多いので、区長が「学校法人なら受けていい」と言っていること、などの話がありました。また、NPO法人立では経済的に厳しく、継続的に運営していけるか、ということもあると感じました。区として承認したものが、すぐつぶれるようでは区民への説明もつきません。

この話をシューレに持ち帰ってからが大変でした。あっちでもこっちでも議論になったからです。政策提言委員会、フリースクールの学校検討会、スタッフミーティング、理事会、保護者会などで賛成・反対の両論が出て、まとまるだろうかと心配しました。

そして二〇〇五年三月の保護者会で「学校法人による学校設置」の方針を決め、葛飾区に伝えました。

学校の設立準備会をつくり、寄附を集めるのには、定款にあたる「寄附行為」を決めなければなりません。「寄附行為」というからには、寄附について述べたものかと思いきや、まったく違っていて、団体の規約のようなものです。組織、議決、学期や年度の開始期、終止期などを検討して決めていきます。

二〇〇四年からは毎週一回、学校づくりの事務局会議をもちました。スタッフやボランティア、のちにシューレ中学のスタッフになる人など、十数人で打ち合わせをしていました。そして進捗状況と問題の検討、次に必要なことは何なのか、それは誰がやるのか、議決はいつ、どの機関でやるのかなど、話し合うことはいつもいっぱいでした。

誰もが平日どころか土日もそれぞれの仕事や活動があって、そのうえで毎週の会議は、とても大変でしたが、自分たちの学校をつくるという仕事は、夢があり、楽しいことでもありました。

学校法人による学校設置の方針が決まり、それをなるべく早く、計画案としてまとめ、葛飾区に出すのも事務局の仕事でした。教育課程はどうしようか、教育上の問題はこうしようなどと、ゆっくり検討して煮詰めたかったのですが、もう忙しくて忙しくて、十分にはできませんでした。

二〇〇五年四月、神奈川県藤野町で、シュタイナー学園が廃校を借りて特区による学校を開校したというニュースが入りました。のちに藤野町へ伺い、都道府県によってかなり認可条件が異なること、親の方々がとても熱心で、かなりの方々が転居してきたということを知りました。校内も見学させていただき、環境の良さやシュタイナー教育の片鱗に触れて感心して帰ってきました。

四月二六日、やっとのことで葛飾区経営企画部に「構造改革特別区域指定学校設置計画案」を提出しました。区との内容的な打ち合わせ、段取りの検討がはじまりました。

私たちは地域との連携を重要視していましたが、葛飾区からも、どう関係をつくっていくのか、また区民にとっても何がメリットになるのか知りたいという連絡があり、六月十三日には「地域と共に歩む特区学校となるために」という企画書を提出しました。

八月三〇日、区から地元説明会に向けての打ち合わせをしたいとの話があり、襟を正して、いよいよかという気持ちで、区教育委員会、企画課との会議のために区役所に向かいました。この時、シューレのビデオを持参して見ていただきました。葛飾区の取り組みより進んでいるので、これを活かしたい、と言っていただきました。

九月中旬には、地元と初めての説明会が新小岩駅そばの新小岩地区センターで行なわれました。そこには、町内会長さんたちが三〇人くらい、四角く会議用のテーブルに座っており、私たちは前の真ん中に座りました。

「奥地先生ですね。松南小でお世話になりました〇〇です」とあいさつしてくる人がいました。「東京シューレ、知ってますよ。学校がはじまるんですって」と興味を示す人もいました。しかし、どう感じておられるかはいろいろだろうと思いました
こっちは緊張してのあいさつと自己紹介をして、十五分ほどの説明をしました。区の課長さんが、区としてなぜ松南小を使い、何をやろうとしているのか、二〇〇七年四月開校の予定でこれから耐震工事などを行うこと、学校開放は従来通りできる、校庭や体育館は話し合いながら使用すること、などの説明をして下さいました。ありがたいことだと思いました。

区は地元にとても気を使っているのがわかりました。廃校後も、地元の人たちは活用されています。地元がノーといえば、いくら区が進めるといってもできることではありません。地元との関係は大事であることを、あらためて思いました。

合計一時間くらい話し合いましたが、定例の会議らしく、ほかの議題もあるとのことで、私たちは会場をあとにしました。質問のなかにはちょっと厳しいものもありましたが、課長さんは「時間をかけて、ゆっくりやっていきましょう」と言って下さいました。

夏休みが過ぎての九月、目標の二〇〇七年四月開校まで、わずか一年半しかありません。活動もパワーアップです。

「フリースクールの学校をつくる会」では、資金準備にとりかかることを急いでいました。寄附をお願いするには学校法人名、学校名が必要です。趣意書も税金との関係がありいろいろな書類が必要です。法人名は「学校法人東京シューレ学園」と決めました。学校名は「東京シューレ葛飾中学校」とすることにしました。名前を決めるだけでも、たくさんの案が出るのでずいぶんとむずかしいものです。この名称で東京都より認可をもらうわけです。

また、シューレ中学は子どもとつくる学校です。政府や区や都とのやりとりがあらかた見えてきたら、子どもと一緒に考え、どんな学校だったらいいかをしっかり聞いて、子どもの声を生かす、それがとても楽しみでした。もっとも、特区の学校の話が出てから、シューレの子どももミーティングでときどき話したり、議員開催の特区の学習会に出席して、子どもとしての発言をしていました。しかし、学校づくりについて、しっかり子どもの意見を出せる組織はありませんでした。

子どもたちはもちろん関心がありました。中学生、小学校六年生はもちろん、高等部の子どもたちも強い関心を持っていました。

九月二六日、関心を持った子どもたちが集まり、王子シューレで第一回の「フリースクールの学校をつくる子ども会議」が開かれました。王子、大田、新宿のスペースから、十数名の子たちが集まりました。この日は、これまでの経緯をていねいに報告しました。子どもたちがどのくらい理解してくれたかはわかりません。でも、フリースクールがもっと社会に認められ、そこで卒業できることや、行っていない学校に卒業のために無理やり行って、いやな思いをしないですむこと、子どもで考え、子どもでつくる学校ができるだろうということなどは伝わったようでした。

「その学校ができたとして、シューレのみんながそこへ行かないといけないの?」という質問も出ました。子どもの意見や気持ちを尊重するシューレではそんなことはしません。シューレ中学をつくっても、フリースクールもあるので、子どもは選択できます。「あくまで、子どもの気持ちを尊重してくださいと親のみなさんに伝えます」と答えました。

しかし、子どもたちはこんな心配もしていました。「学校へ行かしたい親が、東京シューレより、シューレ中学に行きなさいとムリに行かせられたらヤだな」と。

それから毎月一回、子どもたちの会議が開かれていきました。

第二回会議では、仮に言っていた名前でなく、正式に会議に名称をつけようという意見が出て、なんと「特区によるフリースクールの学校をつくる子ども評議会」という長い名称がつきました。この時は主に、どんな部屋があったらいいかについて話し合いました。

第三回子ども評議会は、学校の中身よりも王子シューレが葛飾に移転しようかという話が出ていて、それについては王子の子どもを中心に反対意見が出て、それをめぐる話し合いとなりました。王子の家賃は高いため、もしシューレ中学以外に、空いた教室でフリースクールができれば、グラウンドなどもあり、親の会費も安くできて、考えてもいいのではないか、というアイディアが大人から出ていたのです。

子どもの反対が強かったこともありますが、学校設置の場合、校地・校舎は専有という条件があり、空き教室をフリースクールにするのはあっさり認められないことになり、この案は消えました。

第四回は各スペースでシューレ中学についての意見を聞き、それを紹介し合いました。

第五回は来る子どもたちもずいぶん増え、この時は新宿シューレで行い、参加した子どもは二〇人以上になりました。その時に出た意見はかなり具体的でした。

入学にはどんな子を募集するのか、もし定員をオーバーしたらどんな子を落とすのか、やはり、居場所のない子、苦しい気持ちの子から入れてあげてほしい。

上下関係はないのがいい。スタッフと子ども、先生、生徒じゃなく、フリースクールのように人間どうしの関係がいい。先生と呼ばない方がいい。一年生と二年生で一年しか離れていないのだから、先輩後輩というのはない方がいい。

チャイムがない方がいい。チャイムがあると、せきたてられている気がするし、一日に何回もチャイムが鳴ってうるさい、落ち着かない。

いじめがない学校にしてほしい。いじめがあった時、今までの学校は、先生が通り一遍で、親身になってくれない。先生に言ったら、先生がいじめっ子を叱ったので、帰りによりひどいいじめを受けた。まずは、話を聞いてほしいということなのに、ああさせよう、こうさせようと先生が動いて、うざったい。

制服については「あった方がいい」「ない方がいい」に意見が分かれ、結論としては「ない」に賛成の人は着なくてよく、あった方がよい人は、自分で好きな制服を買って着ればいいということになりました。それはすでに、制服の意味を崩してしまっているのですが、やはり制服がある方がよいと言っている子がいて、両方生かすことになりました。両方が「ヤッター!」と喜んでいました。

第六回子ども評議会。ここでも、次のようなたくさんの発言がありました。

・職員室に入る時「トントン(戸をたたく)、〇年〇組〇〇入ります」と大声で言って、「よし、入れ」と言われたら戸を開けられる。そんなのはイヤだ。フリースクールのようにすぐ話しかけるのがよく、スタッフとは話しやすくしてほしい。

・校庭に川をつくりたい。校庭で牛を飼いたい。

・いろんな部屋がほしい。学校は堅苦しいので、薄い布とかを天井につけて、カーテンで区切ったり、見えにくくしたりできるのがいいと思う。やわらかくしたい。

部屋の使い方については、東京理科大の方々とすばらしい連携ができました。理科大の学生さんたちが、自らの考えをもとに、いろいろな設計をして下さいました。学生さんたちは、さまざまな部屋や廊下をこのようにしたらどうかと模型を作り、各自のアイディアを子どもたちに説明してくれました。

それはとても楽しい時間で、足を浅い水につけてリラックスする部屋があったり、ロフトがある部屋、姿が見えない隠れ部屋、運動場に向けてスターバックスのように、ひじをついて浅く腰掛けて、一面のガラスの前に座ってお茶を飲みつつ、おしゃべりができるなど、お金があったらぜひ作ってみたいという部屋だらけでした。そのうちの二、三のアイディアは、のちに生きることになります。

また、机のことも出ました。四角い机が黒板を向いてダーッと並んでいて、あそこに座らないといけないと想像するだけで気持ちが悪いと言います。本当は「きのくに子どもの村学園」のように、木工作業で「マイデスク」を作れば楽しいでしょうが、いろんな点から無理があり、そこまではできないということになりました。でも一つひとつは台形であったり、半円形であったりして、くっつけたり並べ方によっては、円形、楕円形、六角形、大きなロの字形になったりする机を購入しました。色も、草色と肌色の明るい、淡い色にしました。

そんなふうに、子どもたちの意見はとても役に立ったのです。

4 ● 設立発起人準備会の開設

さて、二〇〇五年九月二六日、第一回設立発起人準備会を開催して、準備会規約やパンフレット、発起人会日程などを決め、一〇月五日の第二回準備会では、特区提案内容、講師、学校法人役員候補を検討しました。役員候補として、シューレ中学にふさわしい外部の三人の方、汐見稔幸さん、山下英三郎さん、喜多明人さんに入っていただきたいと熱望しました。三人とも、これまでのつきあいと中学開校の意義から、お引き受けいただいて、本当にうれしかったです。非常にお忙しい方々にもかかわらず、知恵とお力を貸していただけるこのありがたさを思いました。

第四回設立発起人準備会では、評議員会の構成案、資金集めについての検討のほか、高尾山学園、京都洛風中など、特区でできた不登校の子どもを対象とした学校を見学してきたスタッフの報告も行いました。

一〇月十五日、初めて東京都、葛飾区、シューレとの三者会議が都庁で持たれました。都は私学部三名、葛飾区は企画課二名、シューレは三名の参加で、顔合わせ、必要書類の確認、今後の手順などの打ち合わせを行いました。

第五回の会議にその内容を報告し、寄附についての協議と予算についての検討をしました。実は、予算が本当に大変でした。このあと翌年の九月まで、予算はやり直しやり直しの連続でした。

寄附目標の設定もむずかしく、施設や設備、改装もどの程度やるかによるし、お金さえあれば、とにかくよくしたいところばかりですが、集めることが不可能な金額を設定してもうまくいきません。また開校にあたっては、学校法人の場合、経常経費の半年分を手つかずの開校資金として用意する必要があるのです。それが確認できなければ認可されません。

さらに、年間予算を立てるのに、人件費の設定もむずかしいところです。開校後しばらくは環境整備にお金がいるので、人件費を極力おさえる予算にしました。すると「低すぎて教員が集まらず、またすぐ辞めて安定しない」と指摘されます。逆に人件費をあげると「人件費は固定費であり、いったん決めると下げるわけにいかない。生徒数が変動しても、これでやり続けられるか再検討が必要」と言われるなど、全部で五回は都とやりとりして、作り変えました。

その年の暮れ、都と区、シューレの三者協議で、葛飾区での高等学校併設は不可能と報告があり、資金の準備も無理があるため、中学校最優先でつくることを確認しました。

十二月九日、葛飾区松南小学校に、シューレのメンバーで初めて見学できることになりました。多数の見学者だとびっくりさせるので、それまでは少数のスタッフが設立計画のため、目だたないよう見学させてもらっていました。

その日の帰り道、新小岩商店街のアーケードを駅へ向かいながら、私はキョロキョロしていました。

「たしかここら辺に、八百屋のお子さんの家があったんだけどな、T子さんといったな」と昔のことを思い出しながら歩いていくと、なんと八百屋さんがあり、びっくりしました。店頭にいたおばさんが小学校のころのT子さんにそっくりです。おもわず「T子さん」と呼んでみました。

T子さんも私を見て「あら、重家先生じゃないですか」と私の旧姓がすぐ出てきました。四〇年以上前なのに、お互い覚えているもんですね。「うわぁ、なつかしい。どうしたんですか？　こんなところで」と言われ、手短にことの顛末を説明しました。

「そうですか。学校をやるんですか。それはすばらしいです。応援しますよ、がんばって下さい」とT子さんは言ってくれました。そして、ひとしきり「あの頃は楽しかったね。ホラ、〇〇君、足が悪くなって、リヤカーひいてみんなで遠足行ったよね」「先生の沼袋の家に遊びに行ったの覚えてますよ」と思い出話に花が咲きました。「よく覚えているもんだなあ」と感心しながら「今、何歳？」と聞くと「もう五三歳ですよ。あっという間ですね。そのうち、まだ新小岩にいる元の仲間に声をかけますね」と言ってくれました。

あの頃とはすっかり変わったようすの商店街と駅周辺を見渡しながら、感慨深く電車に乗り、帰途につきました。

年が明け二〇〇六年の一月は、発起人準備会を何回か重ね、「東京シューレ学園設立発起人会」を発足させることができました。設立代表者を互選で決め、理事、監事を選出して、事務局を設置しました。

それを手早くすませて、せっかくの喜多、山下、汐見さんがいらっしゃる時間を活かさない手はないとシンポジウムを開催しました。題して「フリースクールが学校をつくる!?～意味・可能性・おもしろさを語る～」です。

山下英三郎氏は、「不登校によって選択肢が増え社会が豊かになったが、義務教育も豊かにしていく必要がある。今まで学校外で活動し続けてきたシューレが、今度は学校制度のなかに入って学校をつくるのは、単一的で貧しい状況の公教育を豊かにしていくことにつながる」。喜多明人さんは、「子どもが持っている自分育ちの力が出せる学校、子ども参加型の学校をつくっていきたい。それは民間主導でこそ可能、そしてパートナーシップ型の学校作りの可能性へ変わっていく可能性がある」。汐見稔幸さんは、「感性豊かな不登校の子どもの出会い、登校していたが、高校三年間適応できなかった自分の経験から、学校って何だろうと考えてきた。新しい学校づくりを応援したい。しかし、公教育になるので、可能性と同時に責任も生じる。、子どもが主人公の、違うタイプの公教育がはじまったことを示してほしい」、などとお話をして下さいました。

5 ● 準備の実際を担った事務局

二〇〇六年二月、新たな事務局体制のもと、毎週月曜日に、ニュースレター、メルマガ、法人独立と個人情報を見越した名簿管理、そして人事にも着手していきました。開校まであと一年二か月です。

事務専門職の方がボランティアで協力して下さり、どれだけ助かったかわかりません。のちに中学のスタッフに入っていただく何人かの方が、事務局を手伝ってくれるようになりました。常勤職員の集まりを実施する検討もはじまりました。

学校づくり委員会では、父母宛のアンケートとその報告がなされ、親の意向もどのように組み込むかについて話し合いました。

興味を持てる、一人ひとりに合ったカリキュラム、ミーティングが中心、不登校の生き方にかかわるプログラム、総合的で体験的な学びがよい、といった意見が出され、フリースクール的な学びが求められていると強く感じました。

二〇〇六年三月の事務局は、とにかく大変でした。

寄附のお願いを各方面に発送、教科担当を含む人事配置を決め、評議員会委員を委託し、区との連携の内容を確定させ、年間授業時数とカリキュラムをどう組むか、そのためには、各教科の学習計画や教科書をどうするのかの検討もありました。この当時は、まだ年間総時数を七〇〇時間で考えていた頃でした。七〇〇時間というのは一日四時間の授業と考えた時の数字です。

学級編成については、一年目は人数を少なく一年生三〇名、二年生三〇名、三年生二〇名と考えました。フリースクールは異年齢で一緒にいたり、活動したり、遊んだりできることが一つの良さでした。学級をそこがいやすい自分の拠点にしていくという意味もこめて「ホーム」と名づけることにしました。そしてどのホームにも、一年も二年も三年もいる異年齢構成としました。

学校づくりは、ほんとに次から次へと、検討して、決定して、用意することが山ほどありました。建物、予算、校医の配置、部屋の配置……。

そして四月十七日には、やっと、東京シューレ学園の職員、講師、ボランティアを希望する人たちの顔合わせの集いができました。シューレのスタッフが中心ですが、これまで学校に勤務していた人、適応指導教室や保健室で不登校の子どもと日々かかわっていた人、学生で三月に教員免許がとれる人、教員免許は持ってないが、サポートスタッフになりたいという人も入っていました。

学校監事が決まり、学校の事務局体制も検討しました。ＮＰＯとの連携と同時に、区分もはっきりさせなければなりません。

四月二五日には都・区・シューレの三者会合で、耐震工事などについて協議、二八日には文科省へ教育課程の指定申請書を提出しました。これで指定申請が取れれば、日本で最も少ない授業時数で、ゆっくりじっくりやれるし、フリースクールのように体験学習中心の子どもたちがかかわる学校づくりができやすいカリキュラムになるのでした。


五月になりました。

寄附を集めながら、予算の詰め、そして備品は何を買うかを検討しました。たとえば、保健室には何がいるのかさえよくわかりません。しかし、養護教諭だった人がそれを調べてくれました。お金がなければ最低、これとこれは必要ということも印をつけていただきました。

十二日には葛飾区の教育委員会六名と懇談会を持ち、不登校について話し合いました。区にとってのメリットをということで、区の不登校関係の研修、選考の際の優先枠、親の会を設置することなどを考えました。

十五日、葛飾区は内閣府に対して「地域連携・のびのび型学校による未来人材育成特区」を申請して下さいました。特区について私たちが知ってから二年半後のことでした。

十九日には、またまた葛飾区役所に行き、企画課、教育委員会、シューレで、地域住民説明、耐震工事、校舎の利用区分、教育委員会との連携などについて話し合いました。

三一日には区役所で、各部屋の設備をどうするのか、電気・ガスの状況、共用教室の扱いなどについて、営繕課と打ち合わせをしました。

一方シューレ内では、近づくＮＰＯ総会への議案書準備、備品、図書室計画、広報など次々とやることがありました。

五月下旬に子どもも含めて、第二回旧松南小の見学会が行われ、保護者もかなり参加がありました。

六月に入り、学校づくりは加速しました。一日は東京都の私学課と、五日には内装工事事業者と、六日には備品業者と打ち合わせをしました。八日はニュースレター二号を発行し、九日は文科省に、書き直した二回目の指定申請書を出しました。一回目の提出はやはり、授業時間数が少なすぎるなどの指摘を受けたのです。

私たちは知恵を絞りました。私は、授業時間を一日、四時間以上にしたくなかったのです。そこで、最後の四時限目を体育とか美術にして、五〇分授業を七〇分にすることはどうかと考えつきました。それで計算をしてみると年間総時数は、七七〇時間になります。しばらくあとになりますが、これで文科省は承認となりました。

一〇日には、ＮＰＯ総会で一部反対意見もありましたが、学校設立とシューレからの寄附が賛成多数で可決されました。

十三日の発起人会では、入学・選抜、転籍、学習カリキュラム、地域連携について話し合いました。

十九日の第九回子ども評議会では、校歌と愛校心についてなど子どもたちの議論も深まりました。「校歌はいらない」と、子どもたちは言いました。

そして、子どもたちはみんなにもっと知ってもらうために、子どもたちで編集・制作している「東京シューレ通信」に学校づくりのページを設けることや、開校前にフリースクールの子どもたちでプレイベントをやることを提案してくれました。それは、子どもたちのやさしさでした。シューレ中学に入学しようという子どもたちは、きっと不安だったり、緊張する気持ちで来ると思うので、どんなところか知ってもらったり、みんなで作ったクッキーと紅茶でもてなして、少しでも安心してもらいたいと言うのです。

このプレイベントは耐震工事がずれこんでしまい、実際実現したのは開校直前の二〇〇七年四月一日となりましたが、うれしい提案でした。

メディアルームをどうするかなど教室配置の確定、各教室内のコンセントの位置と数まで決め、工事、物品の確認をしました。担当スタッフも現場に足を運びました。学校をつくるためには、細かいことが山ほどありました。そして英・数・国の授業は学年別、そのほかの教科はホーム別などの方針もこの頃、決めました。

区とは費用区分を明確化したり、工事日程を打ち合わせしたり、いろいろやりとりがありましたが、ある日、区の担当者から特区ですでに開校しているシュタイナー学園の見学をシューレと一緒に行きたいと言われた時は、びっくりしました。神奈川県藤野町までは一日がかりの見学です。そのくらい担当者は熱意があり、気持ちのいい方々でした。前述したように私たちも行きたかったので、シュタイナー学園に打診し、実現させました。

二九日には、内閣府から葛飾区に特区の認定をする旨の内示があり、正式の認定を受けて新聞が報道してくれました。

三〇日には、区役所で区の不登校対策検討委員会があり、区内の先生方がたくさん集っている席上で、シューレ中学について説明しました。歓迎の空気と、かまえる空気が両方ある微妙な感じを覚えながらも、ゆっくり信頼関係をつくっていこうと思いました。

東京シューレにとっては、区と国の合意がとれたので、あとは東京都からの認可が課題でした。

七月七日には、東京都の私学行政課によるヒアリングがありました。

次の準備として「建学の精神」を定め、各種契約書を作成し、教材、教具のリストを用意しました。建学の精神は、一番の原点を「子どもはいのちの塊である」に置きたいと思いました。いのちはかけがえのない、いのちは自ら成長力を持っている、いのちはみんな違っている、その個性に寄り添い、いのちが主体として育つのを支える学校なのだ、という、これまでずっと考えてきたことを起草しました。これはみなさんの賛同を得ました。

だけど、実際にこの精神を実現していく道のりは本当に厳しいだろうと思いました。不登校の子どもと接している人たちは、誰もが感じているように、子どもたちの現実は厳しく苦しく、大変な状況の子どもが多いこともわかっていたからです。

夏休みに入り、葛飾区と「旧松南小校舎等に関する基本協定」を締結しました。

また、障がいを持った子どもについての学習会を行いました。フリースクールにも増えている発達障がいを持った子どもは、シューレ中学でも多く入学してくると思います。その時私たちは、その子をその子として受け入れ、統合教育でともに育ち合っていこうという考えでした。

夏休み期間中、もっとも特長的だったのは図書集め、寄附集めでした。

図書室の本は五〇〇〇冊以上必要なのですが、予算上、図書購入がどうしてもできません。そこで、図書の寄附をお願いしようと気がつきました。書架は廃校になる高校からいただけることになったのですが、本が必要です。それも中学生たちが手に取りたい本です。

〝市民がつくる学校〟なら、市民のみなさんに協力をお願いしてみようと思いました。

幸い、これまで東京シューレの活動のなかで知り合った人たちがたくさんいらっしゃいます。まずは、シューレのOB・OG、つながりのある親の会やフリースクール、友人、知人などに図書寄贈のお願いの手紙を出しました。

さらに毎年、シューレも協力している「登校拒否を考える全国ネットワーク」の夏の全国大会が八月十九日・二〇日と長野市で開催されることになっていました。長野の現地実行委員会の同意も得て、全国ネットの参加者にもお願いのチラシを配布しました。図書関係のことは、東京シューレの活動部門の一つのシューレ大学の若者が図書担当してくれるとのことで、事務局に入ってもらいました。彼は図書計画にも加わり、チラシ作成や発送を担当してくれました。開校後二か月くらいまで、本当によくやってくれました。

八月に入ると、続々とダンボール箱が届くようになりました。中身は本、本、本。王子シューレの五階に積み上げながら、二学期になったら置き場所をどうしようとうれしい心配をしました。不用意に広げられないし、区はこれから工事だから、旧松南小に持ち込まれても困ると言っていました。しかし、五階はついにあふれ返ったため、旧松南小の階段や廊下の片側に寄せて置かしてもらいました。

九月二日・三日の土曜日、日曜日は、大勢で松南小に行き、図書目録作成などにとりかかりました。九月十五日の都の私学審議会監査には、財産目録を示す必要があるのですが、そのなかに図書目録も入るのです。

ところが、ダンボールの中にある本は、むずかし過ぎる本など、中学校の図書室にふさわしいと思えない本も混じっていたため、それをえり分けながら登録していきます。本は結局、九〇〇〇冊ほど届きました。都の監査には間に合い、その後、分類と整理が長いこと続きましたが、こうしてたくさんの方々の協力によって最小限のお金で図書室ができあがりました。

夏休み最終日の八月三一日、都の私学行政課に学校法人認可のための山ほどの書類を、スタッフ三人で手分けして持ち、提出して受理されました。八月の最後の一週間は図書のほかに、この申請書類の準備が大変だったのです。でも、ボランティアで自発的に事務局に入ってくださった行政書士さんのおかげもあって、とても助かりました。

実は、この夏休み後半、本と書類のほかに、おおごとが持ち上がりました。

二〇〇七年四月開校のためには、九月半ばまでに学校法人認可を都より受けるための資金を用意しなくてはなりません。その時、通帳残高を提示して、経常経費の半年分があることを証明する必要がありました。そのために寄附をお願いし、私も老後のために少しずつとっておいたお金をはたき、まわり中に声をかけてはお願いしていました。

ところが驚いたことに、八月の都の私学審で「廃校を借りて学校を開校する場合、経常経費の一年分を用意しなければならない」となったのです。理由は、資産があって設立する場合は不安がないけれど、資産もなく借りてやる場合は継続性、安定性がないので、半年分ではなく一年分を用意するということでした。

それを聞いて、血の気が引くというのはこういうことかと思いました。

あと二週間しかないのに、これまで一年半以上かけて集めた金額と同額を用意しなければば認可されないなんて不可能では、と思いました。「どうすればいいの、これまでたくさんの人が協力してくれたことは、みんなパーになるの?」「認可側がそう思うのも、それはそうかもしれないけれど、それならば、なぜもっと早く言ってくれないの?」もう怒りを覚える前に茫然としました。

しかし、何とかしなければなりません。

再度、すでに寄附してくれた方々にも重ねてお願いし、また、まだの方々のところも歩き回りました。教育や市民活動に理解のありそうな方々を訪ね、少しまとまったお金をお願いしてみました。意外と冷たい言葉が返ってきて「お金が絡むと別なんだな」と思うこともありました。

収益をあげているある会社の社長が「いいよ」と快諾してくれたのですが、「なぜ、不登校の人たちを私たちが応援しなきゃいけないの」と社内から反対されて、「できない」と返事をしてきたこともありました。

どたん場で、ある財団が示して下さったご厚意と、ある個人の方がまとまったお金を寄附して下さったことに救われました。この助けがなかったら、開校が一年は遅れていたでしょう。プロセスが一年ずれることになったら何が起きるかわからないので、もしかすると、この中学校は生まれていなかったかもしれません。

どうにかお金が間に合い、必要な残高証明が示せることになった時の、あのほっとした瞬間は忘れられません。

こうして九月十五日を乗り越え、二一日には区から提案された第三者評価委員会についての話し合いや、旧松南小を地域の人たちが活用する場合の利用者調査会議に初参加し、二四日には建物の第一回の大掃除を行いました。フリースクールの子どもや父母、ボランティアなど多くの人が参加して、ほこりだらけの校内を掃除しました。家庭科室はゴキブリやくもの巣などもあり、とりわけ大変だったのは今でも語り草となっています。

翌日からも、購入備品や寄附でいただいた備品の搬入、図書整理は相変わらず続き、事務局では時間割、生徒募集と選考、学習内容、特別教室の工事などを進めていました。

次の課題は一〇月十七日の私学審の現地視察と、それを土台に行われる二三日の私学審議会での設置認可がとれるかどうかでした。

6●私立学校審議会の現地視察

一〇月十七日の現地視察の日が来ました。

私学審議会委員が二名、東京都私学部が三名、葛飾区関係者が四名、シューレ側五名がそろうなか、まず校内を案内しました。この部屋は何の部屋でどう使う、というような案内で、設備などについても質問に答えながらの視察でした。

それが終わると一階の音楽室でヒアリングがありました。私学審委員から矢継ぎばやに繰り出される質問はなかなか手厳しく、それに私一人が答えるのですから、緊張の連続でした。「相談室というのは、授業に出ない子の溜まり場になってしまい、そこがいっぱいで教室はガラガラとなるのではないか？　そうしないために、どういう対策をとるのか」とか、東京シューレ開設のころの古い新聞記事を手に「学校に行かなくても成長できると言っていたシューレが、なぜ学校をつくるのか」と聞かれました。

また「学習指導要領の緩和といっても、君が代・日の丸は緩和するとは出されていません。卒業式はどうしますか」というシビアな質問もありました。私は「この学校は、子どもがつくる学校を特色としています。卒業式をどのように子どもたちがつくっていくのかによりますので、こうと決めていません」と答えました。

「まあ、いいでしょう、フリースクールと学校は違います。これからは心を入れ替えて、やっていって下さい」

この最後の言葉には、びっくりしました。きっと、フリースクールは自由だけど、学校は、法とルールにのっとり、きちっとやってください、という意味と思いこう答えました。

「はい、フリースクールと学校の違いは承知しているつもりです」

この時の視察とヒアリングが、六日後の正式な審議会に報告され、諾否の重要な資料になるのでドキドキでした。

六日後の一〇月二三日、平成十八年度第六回東京都私学審議会において、東京シューレ学園の設立と、東京シューレ葛飾中学校の設立の認可を適当と認める旨の答申が、無事出されました。

この報告にどんなにほっとしたかわかりません。私の答え方がまずくて、認可されないなどということになったら大変でしたから——。そして、多くの人の協力がこれをもたらしたと思い、心の中で「みなさん、ありがとうね」と言いました。

これを受けて同日、開校準備室を設置しました。

十一月二日の学校づくり委員会では、東京理科大建築科の垣野ゼミより、校内の改造案が提案され、子ども評議会にも提示して話し合いました。

発起人会事務局ではエアコンの設置を決め、教科書選定委員会では出願書類を用意しました。

十一月十四日、私たちシューレは都庁に呼ばれ、認証交付式がありました。同じ日、東京シューレ学園の第一回理事会と評議員会を開催し、予算と事業計画を確定しました。やっと、学校法人ができたんだと実感しました。都の担当者の方も、よくやって下さったと思いました。新しいことだらけで、よくわからなくて、大変な面もたくさんあっただろうと思いました。

十一月後半にフリースクール内部の出願予定者に説明会を行い、フリースクールのスタッフで中学へ異動するスタッフのミーティングを開催、十一月二六日には、ドキドキしながら、第一回学校説明会を行い、四二家族、計六八名の参加がありました。

葛飾区の小学校長会、新小岩町会長会議にも、区が出席の機会を作って下さいました。

十二月三日は、地元にあたる新小岩地区センターで、学園理事の喜多明人さん、山下英三郎さんにお越しいただき、学園設立記念シンポジウム「新しい学校〜そのロマンを語る」を開催し、学校説明会も続けて行いました。

年が明けて二月に各学年が二日ずつ、六日間の選考日をとり、入学者、編入者を決定しました。定員以上になった新二年生、新三年生は、編入学できない子どもが出たことに胸が痛みましたが、子どもが劣っているからではないこと、フリースクールもあり、親の会もあること、今後相談にのることなどをていねいに書いた手紙を送りました。

三月二二日、シューレ中学の評議員会と理事会が開かれ、二六日には最後の準備室事務局会議が開かれ、ほとんどすべてが整いました。これをもって準備室は解散し、シューレ中学のスタッフミーティングへと移行していきました。

そして入学式は「はじまりの会」と名づけ、その準備を楽しく進めました。また、校務分掌、ホーム担当など決まっていきました。

第三章

はじまる!
子どもとつくる学校

1 ● 学びながらつくる日々

四月一日、開校プレイベントをフリースクールの子どもたちが中心になって準備してくれ、二〇〇人くらいの大人や子どもが参加しました。ステージでの音楽やシンポジウム、家庭科室でのお茶とクッキーのサービスなど、ほとんどが子どもたちの手によるすてきなイベントとなりました。

そして四月九日は、入学式と始業式を一緒にした「はじまりの会」を持ちました。まだ子どもがいないので、これはスタッフ側が用意しました。子どもたちは、どんなに緊張しながらやって来ることでしょう。できるだけ堅苦しさをなくしたいと考え、壇上を使うことを避け、体育館の壁側を正面にすることにしました。

胸に花をつけた子どもたちが座っています。やはり初日であり、みんな緊張しています。フリースクールの東京シューレからきた子どもは、八五人の新入生・編入生のうち二五人いました。その子たちは知り合いなので、しゃべったりはしゃいだりしています。あとの子は硬い表情です。フリースクールの子があまりに目立っていると、ほかの子が入りにくいと思われないかなあ、とハラハラしました。

あの子も来てくれていました。あの子、というのは、選考の時緘黙《かんもく》で、親の方から相談のあった子どもです。

「うちの子は、家の中では話しますが、学校ではこれまでしゃべったことがありません。でもこの学校に入りたいと思っているんです。選考に面接がありますが、面接を受けられない子は、入学資格はないのでしょうか」

そんな電話があって考えました。

「しゃべらなくても、文字を読んだり書いたりはできますか」

「ハイ」

「ではシートによる面接としましょう」

面接で、こちらが聞きたいことにマルをつけたり、簡単に文章で書くような紙を用意しました。「あなたは、この学校に入りたいですか」の質問には、「はい」にしっかりマルをつけていました。それがうれしいなと思いました。選考委員会で合格となり、その子も硬い表情でしたが、はじまりの会に来てくれてほっとしました。

子ども・親のあいさつはオリエンテーションの時、出席者の前で「どなたかやっていただけませんか」と募り、「ハイ！」と手があがった子にお願いしました。これが民主的なやり方かと思っていたのですが、三年間やってみて、必ずしもそれがよい方法ではないことを学びました。

というのは、子どもはいろいろな気持ちがあって手をあげてくれるのです。「そうしなければいけない、助けてあげよう」と思って挙手した子、目立ちたいので引き受けてくれた子など、親にとってはハラハラ、あとで困るのにと思ったという話も知りました。でも、その日は一生懸命準備してくれて、感動的な話をしてくれました。

学ぶことはまだまだありました。

堅苦しいイベントにはしたくないという思いから、スタッフの一人がかかわっていた和太鼓チームに登場してもらい、「はじまりの会」の幕開けとしました。

会場を見た時、私は太鼓と子どもたちの席が少し近すぎるかなと思い、かなり間をあけてもらいました。発達障がいの子どものなかに、大きい音が苦手という子もいることは、フリースクールを長いことやっていてわかっていたことなので、もしかして誰かいたらいけないと思ったのです。そして、スタッフの打ち合わせでは、太鼓が苦手とか、多数の人がいるところは苦手な子どもがいるかもしれないから、少しでも席を立ちたいとか、うつむいて動けない子どもが見えたら、すぐ退場できるようによく見ていてくださいと伝え、さらに、体育館の入り口に養護教諭に待機してもらうことをお願いしました。

当日はどの子にも保護者がついているので、安心かと思っていました。

しかし、その日は何事もなかったのに、はじまりの会の次の日に来なかった子どもが少しいました。親の方にようすを聞くと、そのなかに、太鼓が原因になって「あんな大きな音がいつするかわからない所は行きたくない」という子がいたのです。お母さんも、すぐうしろに座っていたのですが「うちの子がそこまでとは知らなかった」とおっしゃるのです。その子にとっては、どんなに苦痛だったことでしょう。私たちが雷の落ちた時は、ものすごい音で耳を思わずふさぎますが、それが数分続いたということは、ものすごいガマンだったと思いました。私たちはいやだったら退場すればいいと思っても、子どもはすくんだように立てなかったのです。

「それに気がつかずにゴメンネ」ということ、「これからは大きい音が出そうな時は必ず事前に相談するからね」、そして「今回は休みたいだけ休んで、こわいという気持ちがなくなったらまた来てみてね」とお母さんから伝えてもらい、待ちました。その子は一週間くらいして「大きな音がないならいいよ」とまた来てくれました。

2●子どもとどう対応するか

登校、速すぎない？

最初、子どもたちはどの子も張り切ったり、がんばったりしていました。九時四〇分に登校すればいいのに、一時間以上も早く着いている子が何人かいたり、私たちスタッフが九時始業のため、八時三〇分頃に新小岩駅に着くと、「友だちと待ち合わせ」と改札のところにいたりしました。新しい友人ができて、うれしくてしょうがないのです。

「早過ぎない？」と聞くと「だって、早く目がさめちゃうんだもん」とニコニコしています。「はじまりの会」までに、お母さんと一週間、毎朝電車に乗って通う練習をした子もいます。もちろん、親の送り迎えは自由で、何人かの親の方は、人によって一週間または一か月ほど送り迎えをされていました。私たちは「もう中学生なのだから一人で行けるでしょ」と決めつけません。「不安があったら、子どもがもういいよと言うまで保護者が送ってください」と伝えています。大人だって不安であれば、一人で行ける病院に誰かがついて行ったりするではありませんか。そして、そのうち「もういいよ」と子どもが言うようになり、一人で通ってくるようになります。いのちが何を感じるかを無視して、何歳だから「こうさせるべき」「ああさせないとおかしい」として強いるのは、子どもによくはありません。

逆に、すぐ登校時間が遅くなった子もいます。不登校では「昼夜逆転」はよくあることです。それが、ぱっと変わる子どももいれば、なかなか起きられない状態が続く子もいます。また、完璧主義や強迫神経症、神経質などのため、早く起きているのに家を出にくくて、遅くなる子もいます。

一般の学校では「チコク」はうるさく叱り、場合によっては立たされ、殴られたりすることまであります。

しかし、私たちは自分のペースで通うことを原則にしています。自分にあったペースを見つけてほしいのです。そしてどういう事情で、その遅い時間になったのであれ、そこから参加することを評価し、すっと受け入れるようにしています。

なかには「前の学校では、遅くなった時、どうせ遅刻で入りにくいから全部やめて休む、というようにしていたけど、シューレ中にきたら、遅れても入りやすくなった」と話す子どももいます。それでいいんだと思います。

休むことの葛藤

四月は、私たちが心配していた通り、みんながんばって無理をして、ほとんど全員が通ってきました。考えてみてください、全員が不登校の子どもたちです。ほとんど全員が登校するのは不自然な状況です。不登校の子どもだと通えないものと言っているのではありません。フリースクールの子どもはほとんどが不登校ですが、毎日のように通ってきて、あれだけの生き生きした活動をしています。不登校の子どもといっても、みんなここに入学したい、シューレ中学なら安心と感じてくれてもいます。だから、前の学校は不登校をしたけれど、シューレ中学には来る子どもはかなりいるだろうとは思っていました。

しかし、シューレ中学ならみんな来るだろうということとは違います。

たとえば、入学した子どものなかに小学六年の十一月から不登校になったという子がいました。六年の一学期の連休明けに休んで、六月、七月とあまり登校せず、やっと夏休みになり、九月のはじめに三日だけ行き、また休んで行ったり行かなかったり、とうとう十一月からまったく行かなくなって、中学一年の四月を迎えたという子です。

お母さんは、「この子はクラスの人間関係からはずされ、つらい六年生のはじまりでしたが、学校は行かないといけないですよね。本人がそう思っていて行けていない自分が許せず、行ける日は行く。でも、どんどんつらくなって、頭のなかでは学校へ行かなきゃと思っていても行けなくなって、とうとう十一月から行けていないんです。こんな子でも、ここの学校は通えるのでしょうか」と話されていました。

きっとこの子は、四月のはじめは通ってきてもまもなく休むだろうと思いました。

この子にとっては、六年生の休んだ日々は休みになっていません。精神的にもエネルギー的にもへとへとになって、休むしかなくなって、身体は学校と距離をとっているけれど、意識は「学校へ行かなければならない、休みが長いのはダメなことだ」と思いこんで、決して休む自分を受け入れていません。学校へ行かなければと思いながら、結局行けないでいる日々は、とてもつらく、ふがいない自分を責めてもいます。家庭環境も、無理に行かせようとは考えていなくても、できたら登校してほしいと両親は考えています。そのもとでは、子どもはその期待に応える自分にならなければと思うし、期待に応えられない自分はダメな子だと罪悪感、自己否定感を持たざるを得ません。すると形のうえでは、学校は欠席していても、心や意識は学校へ行かねばと終始思うしかなく「今日は行かなくても明日行く」「行ける自分になるんだ」「でも行けない」など、苦しい葛藤をしていますから、針のむしろの上にいる暮らしとなります。

そこに、シューレ中学のことを知ったわけです。ここは自分のペースで通っていいんだ。自分のこともわかってくれそうだ、ここならほかより楽しそうで行けるかもしれないと応募してくれました。そしていろいろなことをこなしての入学、「はじまりの会」と続きます。もうがんばる限度がきているわけです。今この子に必要なのは、休むことです。いったん、自分を受け入れ、たっぷり休むことなしにこのまま走り続けるのは、無理というものです。

私たちには、それがわかります。

でも、シューレ中学に入ったからには、今度こそ不登校にならないようがんばるんだ、と思っている子ども、入学させてやれば「行く」と言っているから通うだろうと思っている親の方は、必ずいらっしゃいます。

フリースクールよりも、そういう人は多いと言えましょう。フリースクールは学校外ですから、「いったん、学校外でもいいか」と受け入れて見学にこられる方が多いのです。

しかし、シューレ中学はいかにシューレでも「学校」です。「この子に行ける学校を」と思っている親の方が来られます。

学校信仰は持ったまま、と言っていい方もかなりいらっしゃいます。だからこそ、出会うことに意味があると思っています。

私たちから見たら、休むのが当たり前で、休んだ方がいいのですが、子ども本人も親も、そうは思えないのです。

その対応が四月、五月からはじまります。

どの一学期にもそれはあることですが、とりわけ、一年目の一学期は親や子どもに混乱が強かったと思います。五、六月ころから出席がぐんと減ります。まずは、家庭で休むことを認めてほしいのですが、子どもはがっくりし、親は失望感でいっぱいになります。実は、そこからが大事なのですが、登校させることが成功と考える人たちにとって、休みを肯定的にとらえるのがとてもむずかしいのです。

親が登校しない子どもを責めたり、いやみを言ったりするため、子どもが苦しんでいるとわかったケースは、親の方に来ていただいて個別面談をしていきます。

なぜ休みを受け入れることが大事かを、個別面談で初めて考えるようになる方が多いのです。入学さえさせてもらえれば行くだろうと思っているうちは、同じことを話しても、耳には入れていただけません。

そんな取り組みのなかで、「私、休めるようになった」という子どもの言葉を聞くとうれしいものです。「そう、それはよかった。休むことは大事なんだよね」と言いつつ、日本社会はいつから、休めない過酷な社会になったんだと思いました。いのちの声を聞きながら生きていくことはとても大事なのに――。

3 ● 一学期の混乱

人間関係を築く

私たちは、一学期の混乱は相当なものがあるだろうと思っていました。

不登校の子どもが一度に八五人も集まることじたい、想像してみると大変なことです。王子シューレで子どもが八五人いる時期がありましたが、フリースクールは少しずつ入会してくるのであまり混乱がなく対応できるわけです。

でも、シューレ中学一年目の一学期は、そうはいきません。知らない子どうし、一度に八五人の大所帯です。希望にあふれている子もいれば、不安でたまらない子もいます。まだ、人の目線がこわい子もいれば、話しかけられるだけでびくっとする子もいます。大勢いるだけで緊張する子もいれば、すばらしい力をもっていても、自信がなくて自分を出さない子もいるでしょう。いじめられたつらさがわかるから、人に対しては本当に優しい子と、いじめられたストレスをまだ抱え込んでいる子もいます。親に理解され幸せな子もいれば、家庭に帰っても居場所がない子もいます。いろんな子が一度に出会い、そして、どの子も幸せになりたいと願っています。

スタートが一番大変だと想像していた通り、本当に一学期は大変でした。子どもどうし、あの子はこんな子だなとわかるまでは、ハラハラギクシャクがあります。スタッフと子ども、わかってくるまでは判断違いや気持ちのずれが起こります。スタッフと保護者もそうです。スタッフどうしもそうです。新しい人どうし、人間関係を築くというのは知り合っていく時間が大事なんだと思います。

人間関係を築くまでの間は、とにかくつき合っていきます。

そのつき合っている期間に、こんなはずじゃなかったという不信感も出てきます。

もちろん私たちは、その子をめぐる状況や今の状態への理解をするため、できるだけ子どもや親と話す時間をとりました。

まず、「はじまりの会」の翌日から、子どもの「テュートリアル」(個人面接をして何をどうやりたいかや困っていることなどを聞き、一緒に今後の進め方を考える時間)を午後のすべての時間をかけて行いました。ですから最初の一週間は、授業は午前のみ、午後はテューとリアル、テュートリアルのない子はスポーツや読書などで過ごしていました。

ある子が自分のテュートリアルの時間になって、教室へ来て言いました。

「ここ、いいよ。グラウンドがあっていいね」

その子は、不登校になってからフリースクールに通っていたのですが、フリースクールはほとんどのところがグラウンドを持っていませんでした。

子どものテュートリアルのあと、連休明けからの放課後は保護者全員と面談を行いました。ホーム担任以外に奥地、木村（教頭担当スタッフ）のどちらかが入るようにしました。

この面談は、子どものバックグラウンドの把握にとても役に立ちました。開校以後、日々見せる子どものようすやトラブルなどから、個々の子どもの性格、心性、人間関係の取り方、家庭との関係などを認識することができました。

また日々生じることをどうとらえたらいいのか、スタッフによっても対応が違ったりして混乱が起きることもありました。そこで、四〜六月は毎日十七時になるとスタッフルームに戻ってきて、子どもについてその日あったことを全スタッフで振り返る時間を持ち、共有し合いました。毎日「これはどうしたらいいのだ」とスタッフが戸惑うことが大なり小なり生じていたといえます。

私が最も感じたのは、子どもたちはなんと傷つき、苦しい経験をしてきたかということでした。それでも次第に、スタッフが信頼できる、子どもどうしも信じ合えることがわかってくると、落ち着いてきました。

スタッフルームに入りにくかった子も次第に入ってくるようになりました。おもしろいことに、二階の廊下の一番奥にあるソファにいた子どもたちが、そのソファを徐々にスタッフルームの前まで動かしてくるのです。きっかけは消防法の関係で、つきあたりのドア前

（ドア向こうは区の創業支援施設があり、緊急避難以外は開閉できない）から「動かしてください」と指摘されていたため伝えたのですが、本人たちは少しずつ、少しずつ動かし、最後にスタッフルームのまん前に置いて座るようになり、一、二か月したら、スタッフルームの中に入ってくるようになったのはほほえましいことでした。スタッフに反発する態度や言葉を吐いていたのに、素直になってくると本当にすばらしい感性や力を持った子たちだとわかります。

文化の衝突

混乱のなかには、フリースクール文化と学校文化の衝突もあったと思います。

フリースクールから来た子どもたちは「シューレ」と思っているから、たとえば元フリースクールにいたスタッフが「○○先生」と呼ばれても否定しなかったことで、「学校っぽい」と文句を言います。また、学校だけの経験者は、「ここは学校なんだから授業は全員にやらせるべき。注意しないのはおかしい」と言いにくることもありました。

授業については、開校前から子ども評議会、学校づくり委員会、事務局会議でも話し合って「原則参加だが、強制はされない。本人のペースを見つけて本人にあった形で学べるよう、個人プロジェクトや個人学習も含め探っていく」となっていましたが、実際の場面ではむずかしかったのです。

頭から叱りつけて、強引にやらせるというやり方ではないため、時間がかかるものもあります。たとえば後片づけという当たり前のことも身についていない子がいると「シューレは自由だからだ」と勘違いされ、「スタッフが甘いからちゃんとやれない」と不信感をいだく子どももいました。スタッフが注意しても、自分でもできない子もいるのですが、認識としてはそう思われがちです。

親の方々のなかからも、両方の苦情が私のところにきました。フリースクールに在籍していた親からは、「やっぱり学校的になっちゃって、いづらいと子どもが言ってます」という話がくるし、学校だけの経験の方は「学校なんだからもっとしっかりやらせてください。フリースクールに入れたつもりはありません」と言われます。

しかし、一緒に学校をつくっていくことはおもしろいもので、最初の違和感からくる反発が、子どもたちも保護者どうしも、現実の日々のつきあい、学びや行事、起きる出来事を考えたり、やっていったりしているうちに、どこかの地点に落ち着いていくものなのだなあとつくづく実感しました。二学期の半ばには、あまりそういうトラブルはなくなりました。

先輩・後輩

学校が持ち込んだ文化のなかで、ほかにもこんなことがありました。

一般に、中学校では「先輩・後輩」という意識と縛りがあります。シューレ中学では、そんなものはありません。フリースクールは異年齢が入り交じって暮らしているため、年齢による格差をはっきりつける文化がありません。

中学二年で編入してきたある女の子にとって、それはとても納得できないことでした。中一の新入生たちが、一年上の彼女に敬語を使わないばかりか、タメぐちで話しかけてくるというわけです。

「これって、どういうこと。私は一年生だから、学校に行っている間、先輩、先輩と気を遣って、部活も早くきて用意をして、一生懸命やっても文句を言われて。でも二年になったら今度は、先輩扱いされるって思ったのに、ここの中学はナニよ。何にもないじゃない。これって損したのは私だけ？」と息まくのです。

「上下関係がない方が楽なんじゃないの？」と聞くと「そうかもしれないけど、損したのはどうしてくれるの」と話していましたが、二学期になると、そんなことを自然に言わなくなっていました。

制服についても、自分が選ぶ状態であるがゆえに、その心性風景が見えてきます。

大部分の子どもは私服で登校しましたが、一割くらいの子は自分がデパートで決めてきた制服を着てきました。

制服がいい理由を聞いてみました。

「制服にあこがれていた」

「制服の方が落ちつく」

「学校へ行こうという時、制服の方が勢いがでる」

「はじめは私服で来ていたら、電車のおばさんに『今日は学校が休みで、お出かけなの？』と言われたんだよね。私服だと何か休んでいるように見られる。めんどうだから、制服で来る」

子どもたちは制服ひとつとっても、世間との距離のなかで、自分の気持ちが落ちつく方、あるいは奮い立たせる方を選んでいるのです。

学校指定の制服ではないし、みんなそれぞれ気に入った制服を着ているので、制服とは言えないのですが、世間から見たら制服です。

そして見ていると、制服組は制服組で親しくなる傾向もありました。もちろん、制服姿でも私服の子と仲がいいという子もいましたが。何か相性が合うというところがあったのでしょう。

手づくりの「開校を記念する会」

シューレ中学がはじまっておよそ二か月経った六月三日、開校にお世話になった人たちへのお礼をこめて、開校を記念する会を開くことにしました。

入学してきた子どもたちはまだ二か月しか経っていなく、まだまだ子どもたちで実行するまでにはなりません。合奏や合唱で出演したい子が参加してくれました。当日、フリースクールの子どもたちがたくさん来て、準備にもかかわってくれました。新しい学校とあって、町会関係、私学関係、市民団体、議員、友人・知人などたくさんかけつけて下さいました。

子どもたちは気分が高ぶっていたうえ、NPOと学校法人の子どもが一緒になってやるのは初めてで、ワイワイガヤガヤの雰囲気で落ちつきませんでした。しかし、楽しんでいる雰囲気はありました。

この日の取り組みは、保護者の方々にはとても良かったようで、中学校の保護者どうし、またNPO法人のシューレと学園のシューレの保護者どうしが、一緒にパーティ会場や会場の準備をして親しくなっていきました。その後も、親の方どうしがよくお話をされ、不登校以来の気持ちを受け止め合い、積極的に中学校を支えて下さるようになりました。図書ボランティア、掃除ボランティア、行事の仕事分担など多くの方々が前向きにかかわって下さいました。お母さん方からは「一年目は早いうちに、この開校記念パーティーがあったからよかったね」という声が伝わってきました。

4 ● 子ども中心の取り組み

子どもとどうつくるのか

「子ども中心の教育」を実現していく仕組みとして、ホームミーティング、全校ミーティング、学校運営会議、実行委員会を開いて、子どもがつくる、子どもとつくる学校を目指していますが、一学期は思うように進みませんでした。

ミーティングが成り立たないこともあり、スタッフが議長をやったり、おしゃべりやふざけ合いが続き、うまくまとまらない日もありました。ミーティングの時間になると子どもがいなくなるホームもありました。でも少しずつ、ミーティングとは何なのかが、積み重ねることでわかってきたと思います。そして自分から議長や書記をやる子も出てきました。

子どもにとって、考えさせられているのではなく、自分たちが考えたい問題でないと、民主主義もポーズだけになってしまいます。何よりも子どもたちは「やらせられる」では育ちません。

一学期のなかで、子どもたちの多くが関心を持ち、考えたかったことは、秋の修学旅行の行き先と夏の合宿先の二つでした。

秋の修学旅行は早く決めないと、新幹線や宿泊先が予約できないので、担当スタッフはハラハラしていました。多くの学校では前年度中に決めて、日程と宿泊先をおさえるのだそうです。でも、それでは子どもたちにとって、学校が決めたものに従うだけになるので、あくまで子どもとともにつくっていきたいわけです。

修学旅行については、開校まもない全校ミーティングで、「今年どんなことをやりたいか」の議題のなかで「修学旅行」という声が子どもからあがっていました。

そこで、修学旅行をやるかやらないかから決めていきました。「やりたい」「やった方がいい」が圧倒的に多数でした。

次に行くのは誰かを決めました。一般に、修学旅行は卒業学年の中学三年が行くことになっている学校が多いのですが、子どもたちはホームが異年齢になっているせいか、全学年で行きたいとなりました。

子どもから希望者を募り、実行委員会が開かれ、ミーティングで修学旅行を提案した三年のIさんが実行委員長に決まりました。

実行委員会では、いつ頃、何日間行くのか、どこに行くのか、をホームでの意見を聞きながら、しだいにまとめていきます。日程の長さも一泊二日から一週間くらいまで、いろいろな意見が出ます。「短いと急いで旅行するようになる」「長いと家からそんなに離れていられるかが不安」「お金がすごくかかる」などの意見で、二泊三日にまとまりました。

問題は場所です。希望調査をしたら、全国あちこち出ましたが、沖縄が最も多く第一候補になりました。しかし、学校運営会議に持ち込まれた結果、親代表の方から「費用がかさみ過ぎて行かせられない」「小学校も不登校で修学旅行に参加していなく、この学校で初めて行くことになるが、いきなり遠いところだと自信がない」などの意見が出て、第二候補地の京都に決まりました。

Iさんたちは奈良も含めて、京都で行けるところや体験できることを調べ、行程や過ごし方、食事など、たえず全体にはかりながら決めていきました。

そして修学旅行の前にある行事が夏合宿です。

夏休みに合宿かキャンプに行きたいとの希望が出され、修学旅行の実行委員会に遅れて、夏合宿の実行委員会が誕生しました。

「やる」「やらない」は学校運営会議で、近くてあまり費用がかからないという条件で決まっていきました。六月には、第一回実行委員会がもたれ、フリースクール出身の男の子が実行委員長になりました。全部で七回の委員会を開き、どこへ行くか、何をやりたいか、過ごし方、食事や入浴、交通手段、生活ルールを決め、しおりを作りました。また部屋割りやキャンプファイアー、ナイトハイクなども話し合い、決めていきました。

八月六日〜八日の二泊三日、学校近くの道から、子どもたちを乗せた二台の大型バスが出発しました。行く先は箱根です。毎食、キャンプ場の炊事場で自分たちでごはんを作る楽しさと大変さ。夜の肝だめしもありました。二日目は選択の行動で、ハイキング、釣、サイクリング、寄木細工作りに分かれて体験するなど楽しめました。なかには、眠れない、食べられない、入浴できない子どもも少しいましたが、自然に触れ、集団体験もでき、やれたという楽しさが感じられました。

まだ何にも行事がない白紙のシューレ中学で、子ども実行委員会による初の行事となり、子どもの意見からはじまって、ゼロから作って実現できた経験が大きく意味を持ったと思います。

「本当にこの学校では自分たちの声が実現できるんだね」と言った子どもがいたと担当のスタッフから聞きました。また、全員が同じ行動をするのではなく、自分で選べる日程があること、消灯時間、ルール、持ち物なども話し合って、全体ミーティングに提案して決めます。「学校が決めてやらされている」というのではなく、なぜそのようなルールがいるのか、集団で生活するうえで、子どもが必要だと理解して合意が生まれます。

さらに、子どもたちの思慮深さに感心させられたことがあります。もっとも気になっている部屋割り編成について「自分たちの好きなように決めたい」という意見も出たのですが、「うまくグループに入れずつらい思いをする人も出るのでは」ということから、スタッフが人間関係を考慮して編成する方法がいいのではないかとなりました。スタッフが決めたことに対して子どもが意見を述べてもいいのです。夏合宿の雰囲気は、おだやかないい感じで過ごすことができ、同じ釜の飯を食ったり、話したことのない子と話せて友情が新しく生まれたり、何となく不安な気持ちで一学期を送った子たちに安定感をもたらしたと思います。

まだまだ慣れない実行委員会ではありましたが、拍手を送りたくなりました。

文化祭

この経験は、文化祭に引き継がれました。

二学期から何となく落ち着いて、いろいろなことに取り組めるようになったのですが、子ども中心の活動づくりには、文化祭が最も大きな役割を果たしていきました。

日時は、一〇月二七日と学校側で決めてありましたから、九月に入るとすぐ実行委員を募集して、週一回のペースで全一〇回ほど開かれました。希望で八人の子どもたちが集まってきて、まずはイメージやテーマや名称を話し合いました。あらかじめ決められた枠のなかでつくるのではなく、自分たちはどんなことをしたいのか、来てくれる人たちに何を伝えたいのか、つまり文化祭をどうしたいのかを大事に考えてほしかったのです。

名称は「秋の大葛祭」となり、拍手喝采と葛飾祭を合わせたタイトルに決まりました。

はじめは、実行委員以外の子どもたちの取り組みが進みにくかったのですが、ホームごとのミーティングを重ねるにつれ、多くの子たちがおもしろさを感じてきたのか、自主的に動いたり、考えて準備するようになっていきました。実行委員会とホームの行きかいが重要な役割を果たしていました。

ステージ発表では、A・B・C各ホームの合唱や演奏、「それ活」の活動から琴、バンド、自主製作の映像、個人の学習発表やピアノ演奏、人形劇グループ、保護者によるダンスなどが行われました。私は人形劇にときどきかかわりましたが、小学生時代に発達障がいと診断されていたという子が、見事なオリジナル脚本をつくりあげました。

はにかみ王子こと石川遼君をモデルにした桃太郎が鬼が島に出かけて、世界的に有名なプロゴルファーのような鬼とゴルフ対決をし、結果、妹をとり戻すストーリーですが、東国原知事のような人物まで登場する現代版桃太郎の作品でした。子どもたちの創造力や協力性が高く、大好評でした。発達障がいとは何だろうか、とここでも目のウロコをとられました。

後半は校舎内の各ホームで、喫茶店や食事の店、縁日のような出店やゲームコーナー、親のティーサロンなどがあり、展示の部屋もゆっくり見てもらう企画です。

展示作品には、ふだん主として家庭で過ごしている子どもたちの絵や工芸品もありました。個人プロジェクトの「浴衣作りの日」だけ通って仕上げた三人の浴衣も展示されました。

文化祭は、ふだん目立たない子たちや、ある傾向の姿しか見せない子たちが別の側面を見せてくれ、新鮮な驚きを感じました。ホームでは、文化祭の取り組みで仲間意識や他者の存在、自分の役割を感じる機会ともなり、お互いの良さや大切さもわかり合える機会となったようでした。

また、自分たちが考えたり、準備したりするおもしろさと、やりとげた達成感を多くの子どもたちが経験して、ひとまわり大きくなった気がしました。もっとも、担当が重なったり、約束が守られなかったり、段取りがうまくいかなかったり、不愉快や不満や不安もいっぱいありましたが、それもまた人間の幅を広げたのではないかと感じました。

修学旅行

十一月二八日〜三〇日は、京都方面に全学年で出かけた修学旅行でした。箱根の夏合宿や文化祭をくぐって、自分たちでつくる活動の第三弾ということで、だいぶスムーズになってきました。

京都がどんなところなのか、事前学習の一つに、私は模造紙四枚を張り合わせた地形のみの京都地図をつくり、床に広げました。そして、大和時代頃のまだ山や川だけの地に豪族の屋敷ができ、平城京、平安京、鎌倉、室町、江戸と各時代の主なお寺や建物が増えていくさまを、時代ごとに色分けした建物などの写真カードを子どもたちに置いてもらい、次第に現代の京都になったようすを見ていきました。

ビデオで金閣寺が修復されるまでを観たり、さまざまな雑誌や観光地図、ネットなどで京都や奈良にはどんなところがあるかを子どもたちで調べ発表し合いました。そして、一日目、三日目は全員で行くところとして金閣寺と清水寺を決め、二日目はグループで行きたいところを選ぶことにしました。

二日目の選択行動は、実行委員会の作った選択肢でアンケートがとられ、三人以上のグループが八つできました。多いグループは十数人いました。

修学旅行の当日は目のさめるようなすばらしい紅葉でした。二日目の選択行動に、私は奈良のグループに入りました。一〇人ほどの男子グループでしたが、鹿と思いっきり遊んだり、東大寺や春日神社を拝観して一緒に楽しみました。子どもたちは乗る電車やどこで昼を食べるのかなど、よく計画を立てていました。

親と別宿で泊まった子、日帰りで帰った子、スタッフの部屋で寝た子などもいましたが、そんな個別性は当然のことで、夜なかなか眠らない子や、よその部屋から苦情がくる子などいろいろありましたが、修学旅行って、やっぱり何だか楽しいんです。

実行委員長のIさんは、けっこう大変だったと思うのですが、のちにインタビューに答えて言っていました。

「つくるって、おもしろいんだなあって思いました」

そういえば、Iさんとほかに三人の女の子が、「ひま部」という個人的なグループを作っていました。これがとても傑作で、いつも神出鬼没でユーモラスな活動をしていました。トイレに、きれいな使い方のポスターがイラスト入りで貼ってあったり、事務室に鳥居の模型とミニ神社を飾ってみんなの笑いを誘っていました。自発的に映像作家の家に学びに行き、卒業式にニワカ仕込にしては、すごい短編映画を作って上映したり、「奥地ルーム」に、一年間の思い出をコラージュにした模造紙大の作品を残していきました。

ひま部のメンバーであるHさんは、ある日「ぜひ、ミニコンサートを開いてみんなに聞かせたい人がいる」と、二四弦の琴と、自分が作った詩の朗読を合わせて演奏する二人グループを紹介してくれました。

その企画は学校運営会議で通ればということになり、Hさんはチラシを作り、企画を説明して了解が得られ、みんなに誘いかけて、とうとう三学期のいろいろタイムで実現しました。目立たないけれど、秘めたエネルギーとしっかりした知性を持っている「ひま部」の子どもたちでした。

このように、すてきな子たちがいっぱい育っていました。

5 ● 学びと評価

一年目は何もかも初めてなわけで、これも決めていない、あれをどうするということに追われていたと思います。

なかでも、一学期で大きな問題は学びと評価でした。学習は担当教員を中心に、サポートに入るスタッフグループに任されていました。しかし、個別性が非常に高いこと、しかも家庭を主な拠点にして学習している子どもたちもかなりいるため、評価をどうするかは大きな問題でした。また、テストによる評価はとてもなじまない学校ですが、しかし、保護者の要望としては、学習のようすを知りたいし、通知票もほしいという声がかなりありました。もっとも、前の学校で、通知票で傷ついている保護者も多いのです。通知表については不登校は「1」と決められていたり、斜線を引かれたり、「評価せず」と印を押されたりした子どももかなりいて、通知票はなくてもかまわないという保護者もいました。

私たちは、子どもが自分を確認し、自分に自信を持ち、自分のいいところを見つけてほしく、そんな通知票をつくろうと考えました。また成育の過程で不登校によってずっと自己評価が低く過ごしてきた子どもの個性に目を向け、子どものいいところを親自身が気づいてほしいと思いました。そして学びとは教科書と授業とテストによるものでなく、生活のなかで幅広く子どもは成長しているという視野を持っていただきたいと思いました。

子どもたちに授業参観はどう思うか聞いたところ「授業参観はいやだ」という声がありました。では、子どものようすをどのように知らせようかと考えても、保護者会や時おりの個人面談では、部分的なことしか話ができません。そこでシューレ中学と家庭との連絡簿があった方がいいのではという考えもありました。

開校前の学校づくり委員会では、成績によるランクづけはしないことを決めていました。では、どのようなものにするかです。

私は子どもの自己評価こそが、評価の中心ではないかと思っていました。他者が評価を決めることが社会には多いけれど、まず主体である自分が、自分についてどう考えどう見ているのか、今後はどうしたらいいと思っているのか、それができることが生きるうえで大事だと思いました。誰もが自己評価しながら生きていますが、自己評価能力が育つということが大切だと思いました。

この考えはスタッフからも同意を得られ、子ども自身の自己評価とともに、スタッフも各教科、特別活動について文章評価をすることになりました。通知票は全教科とホーム担任の記入のあと、子どもの文章とスタッフの文章を私も渡す前に全部読み、アドバイスしています。通知表は「学びの記録」と名付け、学期ごとに作成、子どもに手渡ししています。また来ていない子どもには郵送しています。

この評価のあり方は、授業に熱心に出ている子にも、個別にやっている子にも、何もしていないと思っている子にも、休んでいて主に家にいる子どもにも、みんな共通して使えるのがいいところです。

七月に入って、主に家庭で過ごしている子どもたちへ、次のような手紙を書きました。

『みなさんは学校へ行ってない、授業に出ていない、だから何も学んでいないと思っているでしょう。しかし家庭で何もしていないのではなく、読書をすれば日本語だし、テレビでニュースや時事問題を見れば社会、夕食を作れば家庭科というふうに、生活のなかでもさまざまな学びをしています。一学期を振り返って、関係するような内容があったら、ぜひ教えてください。そして、もし文が苦手とか、何を書いていいかわからないという時は、おうちの方に代筆してもらってもいいですよ』

一学期の保護者会で「学びの記録」を渡したあとに、保護者のみなさんから「学びの記録」があってよかったという声が聞かれました。

「子どもへのまなざしがこんなにあたたかい通知票をいただいたのは、小学校入学以来はじめてです。読んで思わず涙が出ました」

「子どもが、ぼくはシューレ中学に入ってもやっぱり通えなくって、何もやっていないナマケ者で、だめだと思っていたけれど、書き出してみたら、全部の科目がうまった。けっこうやっているってわかって、何だかほっとしたよ、と言うんです」

「親としても子どもがどう思っているか、わかってありがたいです。スタッフの方にも書いていただいているので、両方あるのがとても参考になります」

そして、序章に述べたように、「欠席日数」という言葉を使わず「学校に通った日数」「家庭で過ごした日数」と表記するようにしていますが、この表現で気持ちが軽くなったという言葉もいただきました。

6 ● 授業の実際

一斉授業はとうてい向かない状況のなかで、実際にはどんなふうに授業が行われていったのでしょうか。二〇〇七年度の教育報告書より、各教科担任の振り返り報告を引用してみます。

①学年別に授業を行った科目について

【外国語（英語）科】

外国語教育の目的は、①英語のコミュニケーション能力を育成する、②国際理解を深め、命を大切にし平和な世界を築く次代の子どもを育成する、の二つです。一年、二年、三年の各学年に分かれ、グループ学習を行っています。

内容として、①英会話、②教科書の内容理解、③中学で学ぶべき方法を一〇〇段階に分けたオリジナルのプリントによる学習（教科書に添って作成してあり、予習・復習・自習・基礎・

発展のいずれも対応)、④リスニング、⑤英語の歌、⑥英語のゲーム、⑦スピーチ、⑧国際理解のための学習、⑨多読(絵本など一五〇〇冊の洋書を準備)、⑩英語による簡単ニュース、⑪英検対策など、さまざまなカリキュラムを準備して個に応じた学習を行いました。

一年生は最初は全員一緒に授業を行っていましたが、二学期から進度により①プリント中心、②会話・教科書中心、③フリー・個別の三つのグループに分け、アルファベット、Ｂｅ動詞、一般動詞、現在進行形、助動詞、過去形などを学びました。

二年生も同様、三グループに分け、不規則動詞の過去形、助動詞、不定詞、比較級などを学びました。三年生は四グループで、受け身、現在完了、関係代名詞などを学びました。

もっとも課題となったのは、不登校体験のため一人ひとりの学習進度に差があり、個に応じた学習をどのように保障するかという点でした。そのために、多くの人的配置が必要で、多段階にわたるオリジナルのプリントの用意など、教材づくりにも時間を要しました。また、英語を学習するモチベーションが低い生徒も多く、どのように興味関心を持たせ、学習環境を整えるかにも大きな課題がありました。英語は学習の定着をはかるために、繰り返しと継続が必要な教科であり、学習時間の確保や、テストや宿題をどのように導入するかということもむずかしい問題でした。今年度は宿題はなく、年一回のテストを行いましたが、今後は小テストの導入も考える必要があると思っています。世界の国々や民族に対する理解を深め、国際的な視野を広めるために、国際理解をテーマとした授業やレポートの提出・発表も行いましたが、さらに重点をおいて、外国人を招くなどいっそうの工夫をしたいと考えています。

【数学科】

授業形態は、習熟度別で一学年を三つのグループに分け、各グループを一人のスタッフが担当しました。

一年生は、①中一の学習内容、②小学校分数少数の計算からスタートして中一の内容まで、③個別の対応。二年生は、①中二の学習内容、②中一の学習内容（正負の数）からスタートし中二の内容まで、③個別対応。三年生は、①中三の学習内容、②中二の内容から中三まで、③個別対応と、それぞれグループに分けました。

年度はじめの授業での確認テストの結果をふまえ、どこから学習したいかをスタッフと相談しながら、子ども自身がグループを選択しました。

教材は教科書を中心に、学年が異なる分野などは手作りのプリントを作成しました。

個々のペースで学習を進められる体制をとったため、なかには二か月で小学校の学習内容をほぼ終了した一年生、一年間で中学校三年間分の学習をほぼ終了した三年生がいました。子どものグループ間の移動は途中でも可能にしており、学習を進めるうちに、途中で③のグループから②のグループに移った子どももいました。

逆に自分が納得するまで時間をかけて、着実に学習を進めていく子どももいます。また、毎日学校に来るのはむずかしく、ときどき授業に参加する子どもにとっては、個別対応グループがあることで学習しやすい環境となっていました。一グループの人数が少ないため、スタッフが子どもたちの理解度を把握しやすく、わからないと悩んでいる子どもに対してもフォローをすることができました。また、子どもたちが受け身の授業になりにくいため、授業に参加している意識を持ちやすかったと思います。

課題として「学習進度への焦り」「学習方法の多様化への対応」「数学のおもしろさへの実感」があげられます。

学習進度については一学年が三グループに分かれているため、個別対応グループの子どもは「学習が遅れている」という意識が強かったと思います。実際はとても学習意欲があり、ほかのグループの子どもよりも進度が早い場合でも、焦ってしまう気持ちがぬぐいきれないようでした。

学習方法については、教えられるのではなく、自分で理解していくことを好む子どももいます。子どもがやりたいと思った時に、気軽に自分だけで取り組める教材をそろえていくことを長期的な目標としていきたいと思います。

自分の学習は一般的中学生より遅れてると感じている子どもは、小学校の学習内容をていねいに勉強するよりも「早く先に進みたい」という傾向にありました。小学校の学習内容は日常生活に密着した数的処理が多いのですが、中学生の数学は抽象的な操作が増えていくため、操作方法を身につければ学習は進められます。学習が進むことで子どもの学習に対する自己否定観は緩和されていくものの、数学の基礎となる算数の内容、基礎的な思考力を養うことがおざなりになってしまうことは、これからの課題といえます。今後、数学の学習を進めつつも、算数的内容に触れたり、考えていくことのおもしろさを感じられるような授業を展開していきたいと思います。

【国語科（日本語）】

「読む」「書く」「話す」「聞く」といった、ごく基本的な事柄にしっかり取り組めることに重点を置きました。特に「書く」機会を多く持つようにすること、自己表現ができるように表現が豊かになるようにすること、言葉に対しての苦手意識をできるだけ取り除けるように配慮することを、ねらいとしました。教材は教科書を中心に、手作りのプリントと読解問題、文法問題などの補助教材を使用しました。

授業の内容は、一、二学期は、主に教科書を活用しながら、詩歌・古文・説明文・小説など、さまざまなジャンルの文章に触れる機会を持ちつつ、基本的な漢字の取り組みを進めていきました。三学期に入ると、三年生は受験を意識する子どもが多くなり、個別に必要な作文の練習や漢字練習、読解問題に取り組める体制をとり、授業を進めていきました。また、

一、二年生は、漢字が読めるけれども書けないことが、かなりコンプレックスになっており、漢字なら取り組みたいけれども、ほかのことはやりたくない（そこに気持ちが向かない）という状況の子どもが多く、主に漢字を中心に取り組みました。

「書く」ことに関しては、〝漢字〟に対する苦手意識が非常に強く、読めるけれども書けないという子どもたちが多いことがわかったので、最初の授業時にそれぞれの子どもたちが、自分はどの学年の漢字から取り組むかを決め、小一〜中三までの九段階別にプリント学習を中心に、一年間取り組みました。中一の子どもで、小一の漢字からはじめたいという子どもが数人いたことからも、今まで漢字を書く（練習する）機会を得られずに、ここまできた子どもたちが少なくないことがわかりました。まわりの目を気にすることなく、自分が心配なところから漢字の学習をスタートさせることができたという点はよかったと思います。

しかしながら、漢字を重点的に取り組んできたものの、なかなか新しい漢字を覚えて、それを日常生活のなかに生かしていくところまでたどり着かず、子どもたちも達成感が得られなかったかもしれません。どういう方法であれば、漢字学習を個別のペースで進めていきながら定着していけるかが、今後の課題だと考えています。

また、作文についても〝書けない〟という子どもが多く、原稿用紙の使い方から、作文の書き方までをていねいに学習してきましたが、作文に取り組むことじたいに嫌悪感がある子どもも多く、なかなかしっかり取り組むまでに至らなかったと思います。スタッフ側の授業に対する工夫が必要であると感じています。

②ホームごとに授業を実施した科目

【理科（サイエンス）】

科学に対する身近な現象、物質、生物を出発点に、基本的な知識や科学的な見方・考え方を養うことに重点を置くとともに、自然の物事・現象についての理解を深め、科学的・体系的な認識を深めることを目指しました。

授業の進め方はホームごと、つまり学年混合で行いました。今年度は「水」と「命」をテーマに、主として生物分野（第二分野「植物の生活と種類」「動物の生活と種類」「生物の細胞と生殖」）と化学分野（第一分野「身のまわりの物質」「化学変化と原子、分子」「物質と化学反応の利用」）の学習を系統的に進めました。授業の内容は、主にプロジェクト学習（「選択教科」部分）として「実験」を行い、「レポートをまとめる」（必修部分）、「実験結果の振り返り」といったサイクルで行い、単元ごとに教科書の問題などで定着をはかりました。

「水」の学習については、「熱分解」「電気分解」などを通して、物質が元素まで分解できることと、それがさらに原子・分子という単位にまで分けることができることを学習しました。内容によっては、イオンなど、発展的な内容についてもふれてみました。

「命」については、動物の分類と人体の仕組みを中心に、人間の進化と仕組みを深めました。最後に、生命が生息する環境について、「水」と「命」を中心にまとめました。

評価に関してはレポートを学期に一回提出して、それぞれの子どもたちにフィードバックしました。

学年混合の学習については、さらに研究が必要であると感じます。転入生は既習の内容を再び習うことになって、当初はとまどう生徒もいました。また、一年生でも指導要領において三年で学習する内容を授業で扱うということになり、理解度に大きな差が現れる部分もありました。共同での学びを主とした授業づくりを心がけてきましたが、共同作業そのものが成り立ちにくい点もあり、課題を残すところです。

また、科学に関する基本的な知識や能力の定着の面でも課題を残しています。トピックス的に関心を持つ生徒がやはり多く、「原子」や「細胞」などのように、部分から全体といった科学の基本となる発想を積み上げていったり、ガスバーナーや薬品、顕微鏡といった実験観察の基本作業を身につけていったりすることなどは、これから工夫を要することだと思います。

【社会科】

社会科では、地理・歴史・公民を各学年週一時間と、選択社会が週一時間の計二時間を実施しました。公民では、身近な社会で話題となった出来事や新聞・ニュースなどから授業に関連した記事を題材にして議論をしました。ビデオクリップを数多く活用し、文章だけでは理解がむずかしい概念などについて理解を補てんしました。また、プリントを作成し、欠席して授業に参加できない場合でも補えるような準備をしました。

選択社会では、平和や環境、貧困といったテーマに沿った学習を行いました。自分で調べたり、新聞やビデオを観て、子どもどうしで議論をしながら学習を深めていきました。発展途上国の子どもの貧困の問題について、レポートをまとめパワーポイントを駆使して学習発表を行った子どももいました。

授業の進め方としては、一斉授業が中心ですが、一方向的な断片的知識の伝達に終わらないように工夫をしています。また教科書に加え、視聴覚教材や新聞・書籍・マンガなどの資料を数多く活用することで、考える力、多面的に物事をとらえる力の伸長をはかりました。

歴史では、私たち人類の歴史の前に四六億年の地球と生命の歴史があり、四六メートルの長い年表にしてみると、人類は原始時代からでもわずか二センチメートルの存在です。そこからはじめて、人類史から日本史に移り、近代の入り口まで学習してきました。次年度、現代まで学びます。週一回の授業なので、時代の基本的な内容を取り上げ、ビデオ、マンガ、クイズ、紙資料など教科書以外にも多様な方法で取り組み、毎回フォーマットを用意して、負担にならない程度で記入するようにしました。奈良・京都への修学旅行、江戸東京博物館、地元地域の伝統工芸体験などのフィールドワークや、校舎内に設置された郷土資料室の利用を通しても生徒の視野を広めてきました。

課題としては、「体験から学ぶ」を基調とする本校の学びのあり方を具体化した学習を、今後さらに深めていく工夫がより望まれます。

【音楽科】

「音楽を楽しむことを経験させる」「みんなで一緒に合唱することが基本になる」「腹式呼吸をマスターし、健康な心と身体づくり」をねらいとしました。年間を通し、歌うことを中心に授業を進めてきました。Aホームでは「空も飛べるはず」「BELIEVE」「旅立ちの日に」「また会える日まで」、Bホーム「空も飛べるはず」「怪獣のバラード」「旅立ちの日に」「また会える日まで」、Cホームは「空も飛べるはず」「旅立ちの日に」「また会える日まで」などに取り組みました。このほかにもリズム遊びや音楽鑑賞なども日常的に取り入れ、リラックスした状態で授業を進めることを心がけました。

楽器に触れる希望も多くあり、希望者は各曲でギター、ベース、マリンバ、ピアノ、ドラム、タンバリン、カホンなどを使い参加しました。

反省点としては、歌うことに対して非常に拒否感の強い子どももいましたが、歌っている空間で一緒に過ごすことにより、少しずつ慣れていったように思います。しかし、依然として歌うことを拒否している子どももいるので、歌うことを苦手とする、拒否をしている子どもたちも楽しめる授業作りを今後も心がけていきたいと考えています。

【技術科・家庭科】

技術科・家庭科を通して、「なんでも自分の手でつくることができる」を基本に、「いのち」や「自分自身」「社会とのつながり」などについても学んでいくことをねらいとしました。実体験をもとにしながら、興味を引き出し、生活の主体者として安心して暮らせる場作りを考え、知識と経験を積み上げていくことを心がけ、授業を行いました。

技術科では、一学期に「磨く」をテーマに「シンチュウ」「勾玉」「メノウ」といった素材を磨き続けました。磨き終えたものは、どれもキーホルダーや携帯ストラップなどにしました。二学期はパソコンを使用しました。ワープロソフトを使用し、夏休みの思い出を打ち込みました。そして基本的なインターネットでの検索方法、ネット被害、こわさなどもふまえたうえで講義を行いました。家庭科の課題と連動して、燻製器作りに取り組み、インターネットで検索し、各ホームごとに作製する燻製器を考えました。A・Bホームは木材、Cホームはアルミ材を使用し、それぞれの燻製器を作りあげました。三学期は、それぞれがつくりたいものを選択し、木材、アルミ、鉄、銀、銅などの材料を使用し、スプーン、箸、指輪、ペンダントトップ、ボトルホルダー、卵焼き器などを個々に作製しました。
家庭科では、一学期は、米や食品添加物、保存食品などについての授業に加えて、二回の調理実習で「サラダ・お味噌汁」「手作り食品（梅干し、手打ちうどん）」を調理しました。いのちと性の分野では「私の身体の成り立ちと仕組み」として、自分の命の誕生の仕組み、身体の部位に名前があること、「性について（関係性）」などを学習しました。二学期は、一汁三菜の献立をつくり、日常の食生活を振り返る機会を持ちました。また、食品添加物や保存食品についての学習では「手作り食品」「一汁三菜」「保存食品（ジャム、ベーコン・卵の燻製など）」を取り上げました。燻製作りは文化祭で実演・試食会を行いました。三学期は、毛糸でマフラー、帽子、ボンボンなど、編み物を個々のペースで作りました。進度が速い子どもは、マフラーを二本、三本と仕上げていました。調理実習では「自分のお弁当を自分でつくろう」をテーマにお弁当づくりをしました。また、燻製を再度やりたいと声があがったため、ベーコンや燻製卵を作りました。

反省点としては、技術科では学期を通して同じ作業を続けることで、「飽き」が生じてしまい、作業への集中力を欠く子どもが多数出てしまいました。もう少し変化を持たせてもよかったのかもしれないと思います。しかし、参加し続けた子どもたちにとっては達成感がもたらされ、子どもたちの感想からは「楽しかった」との声が多く寄せられていました。次年度は「飽き」を感じさせることなく達成感を持てるような工夫が必要だと考えています。

家庭科では三学期に行った編み物が、未経験の子どもにとっては非常に困難だったようで、素材の選択に多少難があったように感じています。次年度は指先を動かす手芸なども、子どもたちにとってもう少しやりやすいものを選ぶ必要があります。調理実習は毎回でもよいという声があるくらいに希望が多いので、もう少し増やしていけるように検討したいと思います。


【保健体育科（スポーツ）】


ホーム別に異学年・男女混合で授業を行い、子どもたちと内容も相談しながら進めていきました。ねらいは身体を動かすことの楽しさを実感することです。スポーツとのかかわりについて考えること、自分について知ること、他者とのかかわりについて学ぶことに重点をおきました。

スポーツについては、身体つくり運動、器械運動（マット、跳び箱）陸上競技（短距離走、リレー、長距離走、走り幅とび）、球技（バスケットボール、バレーボール、サッカー、テニス、卓球、バドミントン）、ダンス、ニュースポーツ（ソフトバレーボール、インディアカ）などに取り組みました。

保健分野では家庭科・養護教諭と連携し、生命と性についての講座を持ちました。「私の身体の成り立ちと仕組みについて」（自分の命の誕生の仕組み、身体の部位）、「性について」（自分を大切にしながらつき合うこと、性は恥ずかしいことではない、人と比べるものではない）、「セクシャリティと性同一障がいについて」（自分の性は自分のもの）を学習しました。また三学年には「感染症の予防と避妊について」の時間も設けました。

反省としては、思ったよりも体育に対する苦手・拒否感が強く、取り組みに時間がかかったことがあげられます。年間を通して、自己肯定できるようになるには時間が必要であることを感じました。またスポーツについては、さまざまな種目に取り組むことはできましたが、継続性をもって熟達するなど深めていくことができなかったと思います。

今後は、スポーツの楽しさを感じられる授業づくりを進め、継続性を持って取り組みができることを課題としてあげたいと思います。

何よりも自分（心身）を大切に思うと同時に、他者へのかかわりについて考えるきっかけとして、保健体育の時間をとらえ、学んだことを日常生活で生かせるようにしていくことを目指しています。

7●ホームスクール部門の立ち上げ

日常的に通ってくる子どもが六、七割くらい、ときどき来る子が一〜二割、ほとんど来ないで家を拠点にしている子が一～二割います。時によって数は動きますが、シューレ中学の不登校の子どもに対して、在宅支援の本格的な取り組みができたのは、一年目の秋でした。東京シューレでホームエデュケーションの活動もしてきた私たちには、開校前から在宅支援の計画はあったのですが、次々と課題に追われ、対応が秋になってしまいました。

在宅支援のことは、通ってくる子ども以上に重要視する必要がありました。子どもや親の不安が強かったからです。

登校ペースがさまざまなことから、家庭での生活が中心になる子どもが安心して成長し、自己を伸ばすことができるようにするにはどのような支援が望ましいのでしょうか。

家族はいても、スタッフや友人とのかかわりが少ない環境で、個々人の興味や関心を深めたり、他人との出会いの機会をつくったり、ひいては、自己肯定感をもって自立していくためのサポートのあり方を考える必要があります。

まず、子どもと家族の信頼関係があることがとても大切です。主たる人間関係が家族しかないということは、家族を通して子どもの成長支援が行われるということです。その時、子どもが家族に不信感をもち、家族を警戒し、家族に心を閉ざしていたら、何もできませんし、子どもは日々生きていたくないほど苦しいでしょう。社会性の基本は家族との生活にあって、家族が信頼できれば家族の向こうにある社会もあまりこわくないと受けとめられるでしょうが、そばの家族が信じられない、安心できないのでは、その向こうの社会は、もっと不安と不信に満ちているように感じられることでしょう。

とても大事なことなのですが、実際には子どもが登校しているよりも、登校していないで家にいることが多い家庭の方が、親子関係はむずかしくなりやすい状況にあります。それは私の、三〇年にわたる不登校家族とのつきあいからいえるのですが、学校へ行くのが当然であり、何とか行ってほしいと多くの人が思っている社会では、子どもが長期に欠席することに対して、あまり理解できず、また理解できても認めたくないため、つい子どもへのまなざしがきつく、否定的なものになりがちなことが影響していると思われます。

子どもも、学校へ行くべきという価値観に縛られて育ちますから、理由はどうであれ学校を休んでいる自分に、自責感やうしろめたさを持っていてつらいわけです。つらく、どうしていいかわからないのに、親の目線が否定的では心を閉ざすしかなくなります。子どもにとって、まず親こそが最大の味方であること、家庭が居やすい場になることが基本だと思います。

そのために、子どもが在宅で過ごしている保護者に対して懇談会や学習会などを定期的に持ち、親の学び合い、支え合いを進める必要があると考えました。

また、シューレ中学には、常勤のスクールソーシャルワーカーがいて、学校と子どもと家庭のパイプ役になっています。非常に熱心で、優秀なメンバーが来てくれたことが大きかったかもしれません。

主として家にいる子どもや親と、希望があれば家庭訪問して、とてもよい関係をつくることで、安心と信頼でつながる家庭が増えました。
たとえば、ある子どもと話せるようになると、本人が行きたいところに一緒に出かけるのです。本の好きな男の子で、神田の古本屋街に行きたいということになりました。その日雨は降りましたが、ソーシャルワーカーの人は一緒に出かけ、半日たっぷりつき合っていました。気持ちが楽になってきたその子は、その後、シューレ中学に来たり仕事体験に参加するようになりました。

個人学習も求めてするようになり活動の幅が広がっていきました。

でも、一年目はスクールソーシャルワーカーにお願いできる日は週一日でした。また、子どもが家族以外の第三者と接したり、学びのサポートをしたり、相談できたりするスタッフとのつながりをつくっていく必要があります。これも信頼関係あってこそつながり合えるわけですから、その子その子の気持ちや、やりたいことに寄り添って一緒に考えたり、行動したりするなかで関係を培っていくようにしていかなければなりません。

在宅の子どもたちもたいてい友だちづくりを希望しています。どうやって他者の存在を知ったり出会ったり、不安やこわさをとり除いたり、他人を信頼していったり、他者と一緒に過ごす楽しさを手にしていけばいいのでしょうか。

私たちは、フリースクールでの経験を生かした「ホームスクール部門」を立ち上げ、もう少し意識的に、家中心の子どもたちを支援する体制をつくることが、子ども中心の教育だと考えました。

そして、「シューレ中学に通えなかったからダメだ」ではなく、「ここのメンバーになってよかった」「自分らしく成長できた」「信頼できる人間関係が築けた」と思って卒業してくれることを願って、在宅支援を一〇月にスタートさせました。

それまでは、各ホーム担任が休みはじめた子どもに対して、電話やファックス、メールなどで連絡をとったり、話を聞いたり、スクールソーシャルワーカーの訪問を行ったりしていました。

あとで考えると、一〇月スタート、というのがよかったのかもしれません。一学期はがんばって通って来ようとする子どもが多く、そのため体調を崩したり、精神的に不安定になったり、家で過ごしはじめても落ち着かないことも多かったので、いきなりホームスクールという考え方があると言われても、気持ち的に受けとめる余裕もなく、よいタイミングではなかったと思います。

子どもの休みが増えてきた頃、こんなはずではなかったという親の不安や動揺が感じられはじめたので、ホームスクール部門とは位置づけていませんでしたが、一学期から第三土曜日の保護者会とは別に、家にいる子どもたちの親向け学習会は開いてきました。それが少し親の落ち着きを生んでもいました。

子も親も、家にいながらも落ち着いて過ごせる家庭が増えてきた一〇月、まずアンケート形式でホームスクール部門の申込用紙を配布しました。子どもや保護者がどんな気持ちで、どんなサポートを求めているかを調べ、次の七つの柱を立てて十一月より活用できるようにました。もちろん、どれも希望する人に対して行われます。

①インターネットで交流　②月刊でホームスクール通信を発行
③子どもサロンをひらく　④お出かけ企画をときどき実施する
⑤学習サポートのシステムをつくる　⑥家庭訪問を行う
⑦シューレ中学の日常プログラムへの参加

ホームスクール部門独自の保護者会は、以後は二か月に一度と定例化しました。毎回数人から十数人が出席して、共通の悩みを出し合うことで、気持ちが楽になったり、ほかの家庭のようすを聞くことで参考になったりして、より安心されたようです。やはり通学していないと思うと、通常の保護者会に参加して懇談するのは気持ちがきついという方もいました。

この七項目はまず担当スタッフを決め、子どもから見て、より相談や行動をしやすくしました。

インターネットの交流では、ホームスクール部門専用の掲示板を設置し、お互いがネットを通じて交流できるようにしました。

月刊の通信は、できるだけ子どもの力で発行できる方向を目指しましたが、はじめはスタッフ中心で作ることにし、第一号が出せたのは二〇〇八年二月でした。子どもの投稿があったのがうれしく、家で描いた絵や作った料理など、いろいろ紹介し合うことに誌上交流の意味があると思いました。

子どもサロンについては、体育館の横にある個人学習室を週に一回、ホームスクール部門として使うことにしました。そこは体育館に向かう階段を使えば、登校している子どもたちと顔を合わせることなく行けます。みんなの活動場所と少し離れているので適切と考えました。毎週火曜日の午後、少しずつ子どもたちがやって来るようになりました。

お出かけ企画では、「アキバへ行こう！」という企画をやりました。「秋葉原なら行きたい」という子どもがいての企画でしたが、四人の参加があり、スタッフも同行してファミリーレストランでお茶を飲み、秋葉原を散策し、アニメイトに行くなどして好評だったようです。アキバに興味のある子たちがそれを軸に知り合いになったのでした。

学習サポートについては、ホームのスタッフが、教科担当のスタッフに相談して子どもにプリントを郵送しやりとりする方法が多く、なかには家での学習について、スタッフと電話で話し合いながら、レポートを仕上げるなどのこともありました。

家庭訪問は、できる限り充実させたいサポートです。信頼関係が築ければ子どもが心待ちにし、親も安心でき、いろいろな可能性が生まれそうです。

シューレ中学のプログラムには、ふだん家にいるけれど、夏合宿、修学旅行、文化祭、いろいろタイムの「ようこそ先輩」、社会科見学、「それ活」の時間、浴衣作りなどに参加する子たちがいました。よく一般の中学校であるように、「それに出てこれたのなら、日常も登校できるでしょ」とはまったく言いません。その子が選び活用してくれたことが、役に立ってよかったとうれしい思い出です。参加できることをプレッシャーにしていっては、マイナスです。

開校一年目の在宅支援としては、ホームスクール部門を立ち上げ、活動をはっきりさせて乗り出したことに意義があり、充実への課題は二年目、三年目へ送らざるを得ませんでした。

私たちの取り組みがまだ不十分でも、ホームスクール部門にかかわることで、今の自分でいいんだと自己肯定ができるきっかけを、子ども自身がつかめたのは大きな意味がありました。二人の中学三年生がスタッフとの信頼関係を築き、進路づくりに意欲がわき、十二月から学習のために一定時間登校して、無事二人とも高校に合格したのでした。ゆっくり休んで、次のステップに挑戦できるエネルギーがたっぷり蓄えられたことも大きかったのではないでしょうか。

8●進路づくりへの支援

一般に中学校では、進路指導が非常に重要視されていますが、シューレ中学ではより進路支援(指導ではない)が重要であると考えています。小・中・高・大と受験レールを上に登って人生をつくるのが普通と思われている日本社会で、ある時不登校をした、学習もあまりやれてこなかった、集団や学校生活への拒否感もあったという子たちが、どういう進路をどのようにつくれるでしょうか。子どもも親も将来について不安を抱いて入学してきます。学校生活のすべてが関係しますが、ここではシューレ中学が進路づくり支援として活動している三つのことについて、一年目の取り組みを述べていきます。(二〇〇七年度教育報告書より)

しごと体験

全部で十五の会社や職場のご協力を得て、二回の仕事体験を実施しました。第一回は七月に中三を対象に実施し、十六名が参加しました。十二月の第二回は全学年対象とし、三八名が参加しました。

まず、オリエンテーションを行い、仕事とは何か、また仕事体験そのものがどういう意味を持つのかを考え、その後担当スタッフと個々の事業所について知る時間を持ち、体験に入りました。

受け入れ先は、保育園、デイサービスセンター、マリンバ制作工房、NPO法人の新聞社、出版社、和菓子屋、パン製造販売、タイ焼き屋、段ボール加工業、和装小物販売、介助犬訓練所、聴導犬訓練所など多岐にわたりました。

体験先に関しては、子ども自身の興味、関心から希望を出してもらい、人数調整をして決定しました。

区内の保育園に行った子たちは一〇名おり、それぞれクラスに分かれて配置され、おむつ替え、食事の手伝い、清掃、子どもたちとの遊びなど初めての経験を数多くさせていただきました。

ふだん集団が苦手で、授業に入ることに抵抗のある子も、保育園では積極的に子どもたちのなかに入っていき、クリスマス会の運営、おゆうぎを子どもたちとやり、小さい子どもから非常に慕われていたと、あとから園長や保育士の方からご報告をいただきました。小さい子どもから受け入れられ、また保育活動に少しでも参加できたことは、子どもたちにとってとても貴重な体験だったようです。

また別の保育園に行った子どもは、以前いた中学校で仕事体験をやりたかったけれど、不登校したためその機会がなくなり、この学校に来て、自分のやりたかった保育園での仕事体験ができ、「夢がかなった」と大変喜んでいました。

仕事体験期間終了後も、授業を終えたあとに自主的にお店に伺い、お手伝いをさせていただき、積極的に自分の関心を深めていった子どももいました。保育園以外のお店や事務所、会社でもしっかりかかわれた子どもが多くいました。

どの受け入れ先も、個々の子どもに応じた対応、また子どもの意思を大切に対応をしてくださり、子どもたちも大きな自信へとつながっていきました。こうして直接社会を見るのも大切なことです。

ようこそ先輩

シューレ中学の子どもたちにとって、不登校をした人からの話を聞くという時間は非常に大切です。不登校そのものがマイナス視されるなか、不登校を経験した人は自己肯定感が持ちづらく、何かはじめるにあたっても、ハードルが高くなることがあります。また不登校をしたその後の進路に関する情報が少ないために起こる不安もあります。そこで「ようこそ先輩」という時間を設け、年に計三回行いました。

不登校を経験し、社会に出ている人に登場いただき、自分の経験談を話してもらいます。そういう話を聞くことによって、子どもたちが自分の不登校経験を整理し、今後の生き方への参考にもできます。また進路に焦る時でもあり、情報を得るのも重要です。不登校したのち、高認を受け、現在大学で政治経済を学んで、大学の自治会活動も積極的に関わっている人、小学生の時にいじめにより不登校し、現在は出版社で働いている人、好きな三味線の道に入り、「しゃみまんが」という新しいジャンルを開拓した人など、バラエティに富んだ人たちに来ていただきました。

日頃授業に集中しにくい子どもも、この時間は熱心に参加しており、シューレ中学の特質上、重要な時間と考えています。

進路相談とサポート

シューレ中学は年間を通して生徒との面談の機会を数多く設定し、生徒の現状把握や進路への希望などについて話を聞いてきました。七月には、三年生どうしで進路について語り合う会（一五才なので「いちごミーティング」と呼んでいる）を開き、個々に抱えている不安や疑問、将来の夢について語り合う機会を持ちました。自分と同じ不安や悩みをほかの人も抱えていることを知り、安心につながったり、話し合う糸口となったりしました。夏休みには、子どもの希望から前後期合わせて八日間の補習授業を行いました。学習の遅れに不安を感じる生徒が多く、その不安解消という側面が大きかったと思います。九月に進路希望調査を実施したところ、大部分の生徒が高校進学を希望していました。進路のあり方については、フリースクールや就職など、高校以外の選択肢についても幅をもって提示してきましたが、予想以上に高校進学の希望がありました。十一月には保護者を含めた三者面談を実施し、進路についての最終決定を相談しました。

二学期に入り、受験へのプレッシャーから落ち着いて授業に参加できない生徒も出てきました。三学期になり、早い時期に高校に合格する子どもが出てくると、さらに焦りを感じ、日常の生活にも少なからず支障が生じた子どもも出ました。保護者とつながりながら学力よりも精神的な面での落ち着きを手にするかかわりが重要であると感じました。願書の用意、論文や面接の練習、変更の相談とバタバタと十二月、一月、二月が過ぎました。

二〇〇七年度の進路状況としては、三年生在籍者二五人のうち二三人が高校進学（公立十一人、私立十二人）一名が就職、一名が在宅でした。高校は、全日制、単位制、定時制、チャレンジスクール、通信制（サポート校含む）などいろいろで、結果的にあまり無理なく選択した子が多かったと感じました。「奥地さん、シューレの高校ないの？　早くつくってほしいよ」と何人か言ってきました。どこの高校がいいのか相談に乗りながら、私も切実感が増してきました。

9●旅立ち祭

一年が経つのは何とも早いものでした。

三学期のはじめに、ウワァ、もうお別れなんだと思い、胸にずきんときました。

まだ三年生たちは進路先が決まっていない子も多く、高校受験で必死という時期でした。しかし、一、二年生たちが卒業式の実行委員会を立ちあげてくれました。一、二年生たちだけで準備するのは初めてです。

たった一年間で卒業していく三年生たちをどんなふうに送り出したらいいか、と実行委員たちで考えました。

一年目は何もかもが、まっさらからはじまります。卒業式もまっさらでした。

子どもたちは、「最後の日だから、心に残るあたたかい感じがいい」と言いました。三年生から「前の学校でやったような、練習を何回もやらされて、決まり通りの行事にはしたくない」という声がありました。しかし、同時に「最後の日にふさわしく、ダラダラしたイベントにはしないでほしい」という声も寄せられました。

「ああでもない、こうでもない」と何回か実行委員会で話し合った結果、当日のイベント名は「旅立ち祭」として、旅立つ人をお祝いし励ますというイメージを込め、前半は第一部として「門出」と名づけてセレモニーを行い、後半は第二部として「祝賀」と名づけたパーティーとすることに決まりました。そして第一部は主に子どもたちで、第二部は親の方々に準備・運営の協力をしてもらうことになり、その案が学校運営会議に出されました。

卒業証書をどこでどう受けとるのか、ということがひとしきり議論になりました。

子どもたちは舞台の上は遠すぎる、高いところに登って、注目を集めるのは緊張して厳しい、顔が見えるくらいのところで最後はお別れしたいなどと提案し、結局体育館の平場で、側面を正面にして実施することになりました。

ある実行委員は、これまでの経験から卒業証書を渡される時のことを思い出し、「『以下同文』ていやだよね」と発言して、みんな賛成していました。最初の子どもだけ卒業証書を読み上げて、あとは「以下同文」でなく、みんなが違うひと言をもらうのがいいということになりました。それを「校長先生のオクチさん、お願いします」と言ってきました。「ハイ、とってもいいアイディアだと思いますよ。一生懸命用意します」と返事しました。私は卒業証書を一枚一枚毛筆で名前を書くことと、メッセージカードを一人ひとりに書くことで、夜遅くまでの作業になりましたが、心楽しい準備の日々でした。

子どもたちは、オリジナルソングをつくりたいと歌詞を集めはじめました。そして曲をつけていきました。明るい、気持ちのこもった曲でした。

子どもの力で、当日上映する映像作品が二本もつくられました。見ていると子どもも親も、一、二年中心で準備し三年を送るというのではないのです。三年生も一緒になって準備しているのです。それがシューレ中学らしさだなあと感じました。

当日、私の横に記念品を渡す子ども委員の子が二名立ちました。ホーム担任が名前を呼び、卒業生が一人ひとり厳しゅくな顔で、私の前まで歩いてきます。いや、たった一年でもなんと成長したことか、とその堂々とした存在に圧倒される思いでした。

一人ずつ違うメッセージを読みあげ渡します。会場中が拍手です。私の前から隣に移って、子ども委員からニコッと笑って記念品をもらっています。

いい表情です。そして、自分の席に着きます。

そのあと、卒業生の一人ひと言があり、これがもっとも注目を集めます。自分で考えた言葉で、最後のひと言を伝えてくれるのです。

感謝を述べる子どもがとても多くいました。

そして、こんなことを言う子どももいました。

「私は、この学校が好きです。この学校と出会うために、不登校になったのかな、と今思っています」

「私は、葛飾にくる前は信じられる人はいないと思っていました。でもここにきて、信じられる大人がいるとわかりました」

「私なんて、ダメな人じゃん。どうせ友だちもできないと思っていました。でも話しかけてくれて、一緒にいろんなことができて、とてもうれしかったです」

わあ、みんな、すてきな言葉だなあ、ほんとに、この日のためにやってきたのかなあ、と思いました。スタッフも何人も涙があふれていました。

なかには、手の平を会場にむけて、指をいっぱいに開いて「五つのことが良かった」と一つひとつ言ってくれたので、手の甲に書いて、それを見て言っているのかな（別にそれでもよかったのですが）と思いました。でも話し終わって、パッと手の甲を会場に向け「見て言ってると思ったでしょ。ホラ、何も書いていません」とニコッとして座りました。会場は大笑いして拍手がわき上がり、この茶目っ気ぶりを示す余裕をたたえました。

私は開校の時、もっとも気がかりだったのが三年生でした。いろんなものを背負った子どもたちが、たった一年で、気持ちを落ち着け、新しい環境と人間関係になじみ、いろいろな活動に参加し、遅れている学習をとり戻し、進路を見つけるなんて、あまりにも短い時間でできるのだろうかと思っていました。

しかし、子どもたちの成長力は、本当にすばらしいものがありました。また、子ども一人ひとりを大切にする学校だということに、信頼を寄せてくれました。子どもたちの個性は、それぞれに輝いていると感じました。とてもいい表情でした。

パーティでは、一、二年生たちが中心になってつくったオリジナルソングが、会場いっぱいの歌声で歌われました。

卒業した三年生たちは、こんな感想を残しています。

「私の一年間」

この東京シューレ葛飾中学校に入るとき、すごく不安な気持ちでした。学校へ行けなくなった、行かなくなった私が、再び学校という場所に通うことができるのか。また同じことが繰り返されるだけではないのかと不安でした。

でも、東京シューレ葛飾中学校で過ごした日々が大事な一年になっていきました。修学旅行で京都へ行ったり、いろいろタイムで博物館へ行ったり、体験学習したり。心配なこともあったけれど、それ以上にその不安なことをかき消すくらい大切なものができたと、卒業する今、思います。

私はこの東京シューレ葛飾中学校に来て、今までの不安定な気持ちや場所から抜け出すことができました。それによって、かけがえのない出会いや居場所を知ることができて、あのとき、一歩踏み出してよかったと思います。居場所があるからがんばれたり、少しの勇気を出すことができました。

東京シューレ葛飾中学校は私に濃い一年間をくれました。この中学生最後の一年間をこれからも忘れずに、ありのままの自分で自分のペースで、一歩ずつ進んでいきたいと思います。


「濃くて楽しい一年ありがとね。」

私がここにいれたのはたった一年。たった一年だけど、一年だけでもこの学校に来たことで、私の人生や自分自身が大きく変わったんじゃないかな、って思う。すごい濃い一年だったね。

最初はフリースクール出身じゃなかったから友だちもいないし、心の置き場もわからなくて、何もできなかった。でも、「修学旅行やりたい」って言えたころから、ひま部も誕生し、少しずつやりたいと思ったことをできるようになったかも。調子乗りだしたら大人たちが手に負えないようなことやりまくったなー？　事務所で遊んだり、人形劇なんてとんでもないことしたり、修学旅行を実現させたり、ビデオ作ったり、イタズラしたり……（笑）何度下校時刻を過ぎたことか……。スタッフにはかなり迷惑かけたよね。でもガミガミではなく、適度に注意してくれてうれしかったな。おかげで毎日楽しくいっぱいやりたいことできたと思う。ありがとう。

この学校に来て、ここでは言いきれないほどたくさんのことを感じたし、学んだな。ありのままの自分でいい、これがこの学校で一番感じたこと。この言葉を胸に、これからもがんばるね！　一年間ありがとう！

「一年間を振り返って」

僕は、この学校に入る時、高校に行ければ、どんな中学校生活でもいいと思ってました。でも、葛飾に入って、いろいろな事を学びました。友だちの大切さ、みんなで何かをやる時の楽しさ……。一人で家で過ごしてる時に、やれなかった事もたくさんできたし、普通の学校じゃできない事もやれました。良い事も悪い事もたくさんやってきたなかで、一時学校に行っても意味が無いんじゃないかと思った事もありました。だけど、学校に行けば友だちがいるって事は、すごく幸せなんだってわかったし、つらい事も小さな事でも、あきらめずにがんばれば、たとえ報われなくても、あきらめずにがんばった事を見ていてくれる人がいるって事に気づけたのは、葛飾に入ったからだと思います。

本当にいろいろな経験ができた一年間だと思います。すごく成長できて、いろいろな事を学びました。葛飾に来て、すごく良かったと思います。


そして保護者の方からも手記が寄せられました。その一部を紹介します。

「この一年に感謝を」

家で過ごすようになって半年が過ぎた頃「今の学校には行けないけど、学校へ行きたい」と息子が言い出しました。その思いを何とかかなえたいといろいろ探していた時に、葛飾中学校の新設を知りました。お話を聞き、本人も希望し入学させていただきました。そして中学生として、最後の一年を同世代の仲間や信頼できるスタッフに囲まれ、一年を通して通学ができ、学校を創るという貴重な経験をしながら、中身の濃い充実した学校生活を送ることができました。

不安がいっぱいだった学習面も、個人授業のように細やかに見ていただき、子どもの習熟度に合った学習をしていただきました。また、経験や体験を重視したカリキュラムは、家での生活が長かった子どもにとって、視野の広がる楽しい授業や行事だったと思います。

学校生活では、新しい人間関係ができるなかで良いことばかりではなく、ぶつかり合いや葛藤、傷つくこともたくさんあったと思います。それらも必要で貴重な体験でした。どんな時でも、愛情深く子どもたちを見守ってくれるスタッフがいるので、安心していろいろ相談ができました。息子は人を信頼することができ、友だちができ、自分自身を見直すことができ、心身ともに再生できたように思います。それは息子だけではなく、親の私自身も再生させていただきました。同じ不安や苦しみを経験した親どうし、お話を聞くこと、聞いていただくことで、どれほど感動し救われたことでしょう。スタッフや父母のみなさんと、ともに考え、悩み、働き、語り、歌い、踊り、泣き、笑い、素晴らしい一年でした。

先の見えない不安で親子ともどもつらい日々を過ごしていた二年前から考えると、まるで夢のような春を迎えることができました。息子はこの一年で将来への道も決めることができ、希望の高校にも一般受験で合格し、大きな自信を持って一歩を踏み出せることになりました。葛飾中学校との出会いは、本当に幸運な出来事でした。みなさんと出会えたことを心から感謝したいと思います。これからも東京シューレ葛飾中学校の卒業生（その親！）として、末永くおつき合いください。一年間本当にありがとうございました。

「自分の生きる道を」

二〇〇五年九月、連休明けの月曜日、娘は、玄関のドアノブを握りしめたままそこから一歩も動けなくなった。「学校へ行けない……」涙で声にならない声をふりしぼるようにして、立ち尽くしてしまった。

「もう、いいよ。楽しいことは、ほかでもいっぱいあるから、もういいよ……」そう言って、登校をやめさせたのは、親の方。

中学入学後二か月ぐらいたった頃から、部活動と学習面と、それまで何でもトップクラスだった娘は、がんばる余り、何もかも完璧にこなそうとして、心と身体のバランスを崩してしまった。もちろん、学校で、いやだなと思うことはほかにもあったかもしれないけれど、娘の心身は、もう限界だった。

「登校は、もう無理かもしれない……」夫と二人、密かに話し合ったのは、夏休み前。それから、必死になって、学校以外の、娘の居場所探しが始まった。

フリースクール・適応指導教室・病院、とにかく、手当たり次第に探したけれど、公立中学校に在籍している限り、登校を促される。そこから、自宅での生活は二年に及ぶ。学校から渡される通知票には、「一」が並び、欠席の数だけが記されている。対人恐怖からか、娘は一人で外出することもできず、日中は、猫を相手に過ごしていた。「学校に行かなくてもいいよ……」そうは言ったものの、さびしそうにしている娘の背中を見ると、「本当にこれで良かっただろうか?」と、自問自答する日々。親として、何もしてやれない、という思いは本当につらく切ないものだった。

そんな時、インターネットで東京シューレ葛飾中学校のことを知った。中学校生活は、あとたった一年。たった一年しか残されていないからこそ、新しい環境のなかで、笑顔で過ごせる時間を持ってほしい。そう願い決意した。ところが親の不安をよそに、娘は、本当に楽しそうに登校した。「こんなにも、学校へ行きたかったのか……」と、涙が溢れて仕方がなかった。

シューレでの一年は、あっという間に過ぎ、高校進学も決まった。選んだ道はイバラの道かもしれないけれど、今度倒れた時には、きっと自分で、進むべき道を選んでほしいと思う。シューレで学んだ「いろんな生き方があるよ」「自分の望む生き方をしていいんだよ」ということを思い出してほしい。「誰かと同じ……」でなくていい、自分の生きる道を見つけてほしいと思う。それが、どんな道であったとしても、生きている限り娘の応援をし続けよう。

家庭中心に過ごした子どもの保護者も書いていただきました。

「ホームスクール部門で過ごした充電期間（？）」

息子は、思い切って編入学したにもかかわらず、葛飾中がしっくりいかないらしく、またもや家にいる生活をスタートさせてしまいました。

葛飾中は、家庭での休養や自分のペースを大切にしてくれ、二学期からはホームスクール部門を新しく作り、家庭での学びを認めてくれています。

もう学校とは縁を切りたいような雰囲気の彼でした。しかし、中三なので進路を考えていかなければならない時期でもあります。

そこで二学期からは、次の進学先を探すことを目的に、ホームスクール部門の自由さを利用して学校見学を始めました。見学を進めていくうちに、だんだんと進路選択が自分の手にかかっていることを理解し、高校を評価しだしました。最終的には、自分にとってプラスになる高校は都立のチャレンジスクールではないか？　と、意思を決めるようになりました。

三学期からは、自分の意思で、志望校へ向けての個別学習を開始しました。「いよいよ動き出す時が来たんだ」と悟ったようでした。担任のスタッフや一緒に受験する仲間との絆が深まり、今まで一人ぼっちで孤立していた彼は、ぐんぐん成長していきました。

まるで、今まで眠っていたのがうそのような勢いで、自分のために、精一杯動いていました。

もし前の公立中学のままだったら、もしかしたら幽霊生徒のまま、こっそり卒業し、心の傷をさらに深め、あげくは自分の人生を投げ出してしまうような最悪の事態だったかもしれません。そんな彼が、スタッフとの信頼関係で、「旅立ちの会」に出席し、立派にスピーチし、気まずさはあるけれども、在校生やスタッフに祝福されて次のステップを迎えることができたことを、保護者としても感謝しております。

ここまで「自分のペース」を大切にしてくれる中学校は、日本では、葛飾中だけかもしれません。

息子だけでなく私自身も、葛飾中を通してのさまざまな方々との出会いによって、多様な考えを受け入れられるようになり、子どもを観察者の立場で見守ることのできる親へと変わっていけたことを、たいへんうれしく思います。

本当に、ありがとうございました。

第四章

つくり続ける!

子どもを大切にする学校

二年目の学校づくり

第三章では、一年目の実践を振り返ってきました。この章では一年目を土台にしながら、つくり続ける学校として、どこをどう変えてきたか、特に一年目と違った点、変えた点を中心に二年目の実践をお話しします。

1●二年目のスタート

何事もそうかもしれませんが、一年目と二年目はずいぶん違うものだと思います。人間にとって「はじめて」というかかわり方と、去年はこうやった、こうだったという二度目にあたるかかわり方は違ってきます。スタッフミーティングでも、一年目は「ああじゃないか、こうじゃないか」と想像したり、大議論したりしながら、意見のまとまるところで、とりあえずそのように実行してみたという感じでした。また、どうしたらいいかがわからいため、意見のまとまらないままのこともありました。

二年目は、「去年はこうだった。あれがいい」とか「やってみたらこんな問題が出たから今年はこうしよう」という議論になりました。それが良かった点と、逆に一年目のような新鮮さや緊張感を欠く面もありました。無用なあつれきや不安を生まないですむかわりに「あれはこのようにやればいい」と思って、一年目ほどしっかり検討しなかったことは、あとでまずかったと思うこともありました。

自分自身でも違ったのは、少し余裕ができたことでしょうか。一年目のすべてゼロから、何をどうするのかを考え、準備し、実現化するというのはおもしろい反面、時間に追われてしまいます。余裕をもって対応すると、あわてなくてもいいことがいっぱいありました。

しかし、もう一つ発見したことは、子どもが違えば、やっぱり昨年とは違うという当たり前のことです。そういう意味ではゼロからの出発です。そして、子どもが発信している問いかけから言えば、その子にとっての環境（学校のやり方、仕組み、スタッフのかかわり方、友人関係、親との関係など）をどう変えることが望ましいのか、絶えず考え続ける必要があります。これで終わりということはありません。いのちが成長したり、いのちが環境に反応したりするのは、そういうことかもしれません。それは新しい子だけでなく、一年目に入学している新二年生、新三年生も同じことでした。子どもは変化し続けるからです。

そういう意味では、二年目もまた緊張し、毎日毎日考えたり、試行錯誤したり、新鮮な日々でもあったのです。

ここでは一年目とは変えた点、変わった点について述べてみます。

2●定員の拡大とホーム体制

まず、一年目と大きく変わったのは定員です。

一年目の定員は、一年生三〇名、二年生三〇名、三年生二〇名、計八〇名としました。二年目以降は定員を各学年四〇名、計一二〇名とすることで東京都から認可を得ています。

それは、開校時から人数が多いと大変であろうということと、まだ学校の存在が知られていないだろうから子どもたちはそんなに集まらないだろう、と考えたのです。そして、三年生だけ人数が少ないのは、あとたった一年なので入学金も払って入ってくる人は、一・二年ほどいないのではないか、と思ってのことでした。

でもやってみると大違いでした。三年生の希望者が一番多く、一年生は定員いっぱいまではいかないのです。定員は届出を勝手に変えられないため（一～二割の幅は認められますが）、三年を最大限まで受け入れて、実質八五名で出発しました。

二年目からは、計画通り一二〇名の定員で実施していくので、一年目より定員が増加しました。そのくらいの生徒数がいないと、各教科担任をそろえなければならない中学校では、経営的にも厳しいのです。一年目が八五名でできたのは非常に節約し、たとえば人件費もすべての常勤スタッフは、校長も教頭も誰もが、全員一律税込み一か月二〇万円の給与で行ったからです。施設や設備も、廃校ですからもっともっと充実させる必要があり、予算は一二〇名で運営計画がされています。

二年目の選考には、ものづくり体験やスポーツも取り入れました。受験した子のなかで、他者の前では緘黙で、おまけに紙の上にも表現できない子もいましたが、その子に合わせた方法をとりました。今年もいろいろな個性の子がやってきます。こうして二年目は、一一七名の出発となりました。

定員一二〇名ということから、一ホームは二〇名として、六ホームを考えました。これまで日本の教育界は、一クラスの定員が四〇名までは下がったものの、組合などが運動しても、なかなか欧米並みの二〇~三〇名には下がりませんでした。

また、不登校には多人数を苦手とする子どもがかなりいることから、一ホーム二〇名でできるのは理想的と思えました。前年は一ホームに二八~二九名いたので、三教室を確保すれば良かったのですが、それと比べて一ホームの人数は減り、六教室必要となりました。区から借りている教室数がこれ以上は借りられないということで、可能ななかで工夫しました。そこで一教室をアコーディオンカーテンで半分に仕切って、六ホームを作ったのです。二〇名には狭いとも感じられますが、通ってくる子は実際十数名ですので、可能かと考えました。四、五月はほとんど子どもが出席するので、三階の授業ルームもやりくりしてホーム活動をしました。

もう一つ、スタッフの配置については、一年目は一ホームに三人でしたが、二年目の配置は、一ホームに一・五人となり、二つのホームをサポートする人が三人発生し、スタッフにとってのやりにくさが出た面もありました。

はじまってみると、小さい部屋の方が落ち着く、人数が少ないのが入りやすい、スタッフにも話しかけやすいといった子もいましたが、一年目と同じように、ホームに入らない子、友人関係から別のホームで過ごす子など、あまりホームの区別は意味をなさない感じも見えました。

しかし、二学期になり、文化祭の取り組みは、人数や相談のしやすさからAホームとBホームで合同、CホームとDホームも合同して、ミーティングを開いて準備するようになりました。

アコーディオンカーテンは開かれることが多くなり、それがいやだといって閉める子どももいたのですが、結局、二ホーム一緒にホームミーティングをすることが増えていったのでした。

3 ● 子どもの状況

一年目の、魅力ある第一期卒業生たちがいなくなり、三学期に感じていた二年生への何となない頼りなさに多少の心配もありましたが、不思議なもので、三年に進級すると、自分たちで考えたり、実行しなければいけないと感じているのか、はたまた三年だからがんばらなきゃと思っているのか、次第に三年生らしくなり、学習にも取り組む子がずいぶん増えてきました。そして、前年の一年生は二年生になり、自分のペースで堂々と学校とかかわる子どもがやはり増えてきました。

しかし、一一七名のうち、新入生が四八名（一年三〇名、二・三年生十八名）で約四割を占め、在校生は、在宅の子や自分のペースで通う子どもがいるので、学校にいるのは、新入生と在校生が半々であったり、日によっては新入生の方が多かったりもしました。新入生は、新学期のはじめのうちはがんばって登校するので、全員に近い子どもが学校にいます。そして数のうえだけでなく、新入生は当然かもしれませんが、テンションも高いのです。そうなると、前からいる子が新入生の面倒をみたり、気配りしたりするという世の中の常識とは異なり、在校生の方が押され気味で、スタッフルームに来て「いやあ、あのテンションにはついていけねえ」などとボヤいたりしていました。スタッフは「くすっ」と笑います。なぜなら「去年の君もそうだったね」ということがあるからです。

一年目に在宅中心だった子どもが、新年度になったのでちょっと来てみたところ、知らない顔とテンションの高さに引いてしまうということもありました。保護者会で、お母さんと「このテンションの高さは、たぶん七月頃とか二学期は落ち着いてくるから、また学校に来てみたら違うかもね」という話をしました。新入生も学校生活が進むにつれ、疲れて休む子が一学期半ばから少しずつ増えていき、秋にはまた増えてくるというのは、一年目と一緒でした。

そこで、個別対応、個別学習が増えていくことになります。

このように述べると非常に問題に見えるかもしれません。ある新聞が取材に来られて、この学校のさまざまな独自のカリキュラムや、子どもへの対応を知ったうえで「それでも六〜七割しか通ってこない……」と書かれたことがありましたが、平均して三分の二が日々通う状況は、よく通ってきていると感じています。すべての子が不登校なのだという意味を、その記者にはわかってほしかったと思います。

シューレ中学のすべての子どもにとって、シューレ中学に通う生活は、その前の生活や自分のありようと比べて大激変なのです。しかも傷ついたり、疲れきったり、人がこわくなったり、つらい経験をしています。自信がなかったり、不安だったり、どうせここでもうまくいかないだろうという気持ちも抱えてやってきた子どもも多いのです。

二年目に入学してきた子どもたち一人ひとりから聞く話も、本当に大変だっただろうな、これでは不登校になって当たり前だなあという話ばかりで、そのなかをよく生きてきたなあと感心もし、感動もしました。まだ休みや癒しが必要で、充電が不足している子どももいました。

だから、こんなにたくさん通ってきて、元気に人と活動したりする日々は驚くことではないかと思います。

そして、二年目の一年間の子どものようすを一口で言うなら、一年目と比べ落ち着いた雰囲気で過ごせたということです。

三学期末に開いた「地域懇談会」（シューレ中学主催）に出席下さった校舎管理の主事さんからも、「去年と比べてえらい違いで、落ち着きましたね」と言われたほどでした。

子どもの落ち着きは、スタッフが落ち着いたことの反映であるかもしれません。スタッフも、何か起こるたびに「大変だ、どうしよう、話し合って下さい」ということではなく、子どもの気持ちや状況を考えると、「まあ、あることだなあ」と落ち着いて受け止められるようになっていきました。生徒数が増えたけれど、子どもとのかかわりや目配りが、二年目に入り、以前より行き届くようになったことが、子どもの落ち着きにも関係したと思います。

スタッフもまた変化・成長しています。その一例として次の文を紹介します。

私の変化に子どもたちは気づいて

力石みのり（数学担当）

シューレでスタッフをはじめて二年が経ちました。一年目から「子どもの気持ちに寄りそう」ということを意識し、実践していたはずでした。しかし前年度は、知らず知らずのうちに子どもに対して成長を求め過ぎていました。例えば、「進路の希望をかなえるためには、授業に出た方が良いよ」「最低限掃除はしようよ」「実行委員に立候補したのだから、自分の役割は果たそうよ」など、子どもたちによかれと思っていた働きかけが、実は本人たちを苦しめ、子どもたちの「今」の思いや不安を大事にできない結果となっていました。

今年度は、本人がやりたいと言い出したことを途中でやらなくなったとしても、「今は動けない気持ちがあるんだな」と考え、「その気持ちはどこからきているのだろう」という点を大事にするようになりました。

子どもたちは敏感なので、そんなスタンスでいる私の変化に気づくようで、ある子からは「みのりちゃん、昨年よりのびのびしてるよね」と言われたほどです。以前より警戒心を持たれなくなり、真剣な話がしやすい関係性になりました。子どもどうしのもめ事や、悩みに対しても、私自身は「こう解決した方が良い」という明確な方向性を出さずにようすを見ていると、子どもたちの自主的な行動に出会えるようになりました。

今年、親の会のなかで、「今の時点で子どもにいろいろと望むよりも、子どもが『今、元気でいること』を大事にした方が、長い目で見たら早道だ」という奥地さんの言葉に出会いました。子どもたちと一緒に日々を過ごしていると、「もうちょっと○○した方が良いのに……」という気持ちはついつい生まれてきてしまいますが、そんな時はこの言葉を思い出して、自分を制しています。

三学期、三年生が卒業したあとの一週間で、一、二年生が来年度のホームや部屋の使い方について話し合うミーティングや、新入生を迎える「はじまりの会」の準備がありました。今まで活動に積極的な参加をしていなかった人たちがたくさん活躍して、また自分の考えをミーティングの場で発言していました。

ふだん、子どもたちが見せている表面上の姿ではわかりにくいけれど、子どもたちはとても真剣な思いや考えを持っている、そんなふうに思えた一年でした。

4 ● 子ども中心の教育活動

話し合う力の育ち

ホームミーティング、全体ミーティング、学校運営会議、実行委員会など、子ども中心の学校をつくる仕組みは一年前と変わっていませんが、ミーティングの積み重ねから、全体ミーティングで発言できる子どもが増えたと言えます。ホームのミーティングでも発言できない、したくない、あるいは輪のなかに入れない子どもも一学期にかなりいましたが、二学期になって文化祭や修学旅行の取り組みでホームや全体のミーティングで話す機会が増え、また話し合いや実際にやりたいことの実現がつながっているため、発言する子どもが増えたと思います。意見が違っても、話し合って一緒に協力していくと、達成感や楽しさを実感でき、考え方の違いがあっても、否定されるわけでも、イヤなやつと見られるわけでもないことを、一つのものをつくり合う経験を積むなかで理解していったと思います。

また、活発な子どもだけが、ミーティングを引っ張っていくのも避けたいので、みんなの前で学期に一回、発言の機会をつくっています。それは、一般的に「終業式」と言われる学期最後の日なのですが、シューレ中学では「納め会」といって、大掃除や「学びの記録」を渡したあと、部屋いっぱいの輪になって座り、その学期を振り返っての感想を所属と氏名を言ったあと、ひと言話します。フリースクールからの伝統が続いているのです。それも学校生活のなかで、笑われたり、怒られたりしないと感じるバックボーンがあってこそ、みんなの前で言えているのです。それもきれいごとでなく、思ったままのことが言える場だと感じました。

学校運営会議は年間行事、学校生活上の諸問題やルールづくりなど、学校づくりに子どもが参画する最終機関という位置づけは変わりませんが、ホームより選出されてくる子どもも委員は、一年目は一人でしたが、二年目は二人になりました。子ども委員十二人、親委員六人、スタッフ五人、計一一人と、一年目と比べて大きくなりました。

また、「それ活」も子どもたちからやりたいという希望が出て、新たに「演劇部」「JCC（日本文化クラブ）」「武道」「剣道」がはじまりました。

「演劇部」は、なぜ「部」をつけたのか聞いてみました。本格的にやりたい、との気持ちから自分たちでつけたと言います。そして、その積極性はめざましいものがありました。

人間関係でもめる、あるいは引いていく人たちもいましたが、子どもたちは問題を感じるたびによく話し合っていました。

文化祭の上演は、達成した喜びと充実感で涙があふれた部員もいました。そのあとすぐ彼らは旅立ち祭でも何か表現したいと、身近な生活をテーマにオリジナル脚本をつくり、それを上演することを決めましたが、それでは卒業の当日にゆっくりできないため、映像作品に仕上げ、「祝賀会」で上映しました。彼らの力に驚いただけでなく、そのテーマがひきこもりや高校受験、友情や兄弟愛など、生き方を模索した内容になっていて、彼らが不登校を通して、いかに成長していたかを感じさせる、感動的な作品になっていました。

JCCもお茶、和服の着付けなど日本の伝統文化にかかわることを次々と取り上げ、文化祭には、自分たちで作った和菓子とお茶を出す和風喫茶を開き、着物を着たウェイトレスが案内する趣向で、とてもいきいきと取り組んでいました。

一年目と比べて、全体的にどの活動も充実し、それぞれやりたいことに取り組み、スキルもアップし、個性が発揮される場として、よく機能していたと思います。

しかし悩んだのは、子どもによって、本人の希望でスタートしても、活動の継続がむずかしい場合があり、専門の講師が来られても、子どもが来ていないとか、今日は出たくないということもあり、申し訳なく思ったりもしました。でもその子にとっては、やりたい気持ちがうそではないけれど、その時の不安や、しんどさやストレスや人間関係の影響があると、気持ちをそこに向けてしまい、参加することができない時があるのです。「やりたい気持ち」と「やる行動」が一致するためには、もう少し心理的な安定が必要なのでしょう。だから、その時は講師に事情の説明とお詫びをして、今後を相談します。

宿泊をがまんした夏のイベント

一年目と変わった点をさらにピックアップすると、夏のアウトドア体験は宿泊をやめて日帰りになったことです。

というのも、宿泊と日帰りとの両方の意見があり、宿泊を押すのは、やはり元気な子どもで、自信もあります。一方、小学校の時、不登校していたので林間学校や修学旅行の体験がなく、おばあちゃんの家にも親と一緒以外に泊まったこともない、修学旅行に行ったけれどいやな思い出があるだけで、泊まるのは不安と言う子どもやその親は、日帰りなら行くと話します。そして宿泊、日帰りどちらでも選べるようにしてほしい、という子どもの要望もありましたが、スタッフ体制や経費の面で無理があることを説明しました。

学校運営会議では「夏のアウトドアと修学旅行合わせて六万円くらいでやってほしい」という保護者の意見も伝えられ、子どもたちが出した結論は、日帰りで関東圏でアウトドアのできるところとなりました。一番の理由は「泊まりだと参加できない子がいるのであれば、できるだけ大勢が参加できるほうがいいから」ということで、泊まりで行きたい子どもたちが「我慢する」と発言したのです。

三か所の候補地から、ミーティングで検討して奥多摩の「川井キャンプ場」と決まりました。バーベキュー、川泳ぎ、つり、など自由に遊び、貸し切りバスだったので奥多摩湖に寄って戻ってきましたが、フリースクール出身でない子どもたちにとって、ここまで子どもで決められるのかと驚いていた委員もいたと聞きました。

保護者のなかにも、子どもの声を聞く、子どもの考えを大切にすることは、「子どもの言いなりになる」とか「子どもを甘やかす」「わがままになる」という理解の方もいます。でも、宿泊したいと希望していた子どもたちが、ほかの子のことを考え、全体のバランスを考え、親のことも考えて、自分の考えを修正したわけです。子どもの思いやりと、自分たちでしっかり考えて決定していることを親もスタッフも経験しました。子ども中心の教育のあり方に信頼感・安堵感をもたらすひとこまにもなりました。

文化祭で子どもシンポジウム

一年目の文化祭は午後だけでステージと出店や展示を実施したため、時間が短かったという意見が二・三年生から出ました。そこで二年目の実行委員会では午前中からはじめる案になり、午前に「子どもシンポジウム」を実施することになったのが大きな違いとなりました。シンポジストは現役二人、OBの高校生二人出席してくれ、初めてシューレ中学に来た親子やシューレ中学の保護者からは、「良かった」という感想を多くいただけました。しかし、当の子どもたちのなかには、「自分たちが楽しい企画をやる日なのに、つらいことを思い出すことになってイヤだった」と言った子どももいたそうです。「そうなんだろうな」と思いました。やっと楽しくなってきた日々に、つらい思い出は触れたくないのです。心が癒され、自分なりの整理がつくには、まだ時間がかかることでしょう。

表現活動や展示も、お化け屋敷などの出店も、一年目よりずっと豊かになりました。そして、みんなの前で一度も歌ったことのないA君が独唱をした時は、思わず聴きほれ会場中拍手喝采でした。こんなに多くの人たちから賞賛された初めての経験だったと思います。

平和学習の修学旅行

修学旅行での変化は学校運営会議の線にそって、まず費用のことから考え、あれこれ候補地を練った結果、広島に決まりました。平和学習としても是非いつかやりたかったので、私も「本当にいいところを選んでくれたなあ」と喜びました。

子どものなかに、平和や環境や貧困の問題に目を向け、関心をもって自分なりに読んだり調べたりしてきた子が何人かいたということもきっかけになりました。

私は広島がふるさとであり、原爆には直接あっていませんが、父は戦後の広島被爆者の救援に走り回り、平和のための活動を貧しいなかでも、多くの人と力を合わせてやっていました。峠三吉の原爆詩集第一号「父をかえせ母をかえせ」のガリ版刷りの冊子は、看板屋だった父の店で作られ配布されました。わら半紙の小さな詩集を私は見ています。父が亡くなった時、広島公文書館にほかの資料文書とともに寄附してしまったのでそれを見せられなくて残念でしたが、シューレ中学の子どもたちには本で峠三吉の詩を紹介しました。さらに映画の「はだしのゲン」を観たり、原爆や太平洋戦争についての事前学習をしました。子どもたちは、広島ではどんなところがあって何ができるのか調べ、発表し、希望人数によって四つのコースに分かれて見学することに決めました。

一日目は「のぞみ」で広島に到着、平和公園で原爆資料館と被爆者のナマの体験談を聞き、船で厳島神社へ行き、宮島に一泊しました。次の日は、選択の四コース「宮島・広島コース」、「平和学習コース」「呉コース」「しまなみコース」に分かれ、一日それぞれに行動しました。子どもたちの企画で、宮島コースはもみじまんじゅうを作る体験、平和コースは原爆の跡が残っている本川小学校や袋町小学校、千羽鶴が保管されている旧銀行など五か所を回り、「呉コース」はマツダ自動車と大和ミュージアムを見学、「しまなみコース」は尾道まで行って、レンタサイクルで因島までの道のりを瀬戸内海の上にかかるしまなみ街道を走ったのでした。

そして二日目の夜は全員、お好み焼き屋が集まるビル「おこのみ村」に集まりました。

三日目は、全員で体験したいとのことから、ガラスの里で趣向をこらした作品を作り、午後また「のぞみ」に乗って帰宅しました。

修学旅行は学校生活以上に、より個別対応が求められますが、前年の京都を体験していたことも参考になり、スタッフたちは子ども個々の意向を尊重し、体調や食事、入浴、睡眠までよく気配りし、対応していました。

5●ＩＴ等を活用した出席認定制度

二年目に大きく前進した取り組みは、ホームスクール部門です。一年目は、学校に通ってくる子どもへの対応に精いっぱいだったと言えるかもしれません。時間と空間の使い方が、白紙からはじまったわけですから――。

もちろん一年目の頃でも述べたように、シューレ中学ではマイペースで通うので良いという考え方であり、休みつつ通う子、まったく休んでいる子に対しても、在宅で成長していくことを否定視しません。自己の存在自体を肯定的に見る認識が育ってほしいという方針でやってきました。子どもの状態がどうあれ、この国では四〇年間、不登校の子は学校復帰させるべきであると、時にきつく時にはソフトに、でも決してその子の気持ちを大切にするのでなく、あるべき姿が強いられたり、あるいは期待されることで、結果、苦しい状況に追いつめられた子どもがあとをたちません。

私たちはそれを知っているので、子どもの権利としての学校が存在することを考えた時、そこに通う、通わないはその子自身が、その「今」を大切に考えるのが一番いいと思ってきました。学校へ戻そうとするよりも、多様な成長ができるようになっていく環境の用意と、あたたかいまなざしが大事であると考え、ホームスクール部門を充実させました。

一年目にはじめた①インターネットを活用した交流、②ホームスクール通信による交流、③ホームスクールサロンの定例化（毎週火曜日）、④お出かけ企画、⑤家庭訪問、⑥学習サポート、⑦保護者とのかかわり（隔月のホームスクール部門懇談会と保護者掲示板、自主的なお茶会）などは、どれもより参加者が増えて、スタッフとのかかわりや子どもどうし、親どうしのかかわりが深まりました。

ここでは、二年目にはじめた「ＩＴ等を活用した在宅での学習の出席扱い」について述べていきます。

二〇〇五年、文科省は、不登校での在宅学習を一定の条件を満たした場合、出席扱いにする旨の通達を出しました。その政策を聞いた当時、私は驚いたものです。もっともその頃は、大検が高卒資格も含む高卒認定試験に変わったり、文科省がＮＰＯ団体と懇談会を開いたり、緩和が少しずつ進んでいた時ですが、それでも「欠席が出席になる」ということまで、国が言い出したことに驚いたのです。

これまでは、子どもの身体が学校へ運ばれなければならない、という前提を崩さないで進めてきた不登校対策でした。でも、どうしても登校しない、あるいは登校が無理な子たちがいます。進学には欠席が多いと差しつかえることもあります。家庭で学習し、対面指導があり、パソコンやファックスで確認できれば、出席日数にカウントできることに政策が変わったのです。

学校にまったく行っていなくて、フリースクールなどの民間施設に通っていることを出席認知するようになったのは一九九二年からです。学校に行っていなくて家庭で学習しているのを出席認知することは、それから十三年後にあっても不思議ではないかもしれません。フリースクールであれ、在宅であれ、学習できればその方がよいということでしょうか。これまで「この出席認知で、家庭のなかまで学校が入りこんで、子どもの居場所をなくしてしまう」という意見を述べる人もいて、この制度が家庭でゆっくり休めることをなくし、家庭でも学習しなければならないというプレッシャーを起こしかねない危うさをもっている面もありました。

ですから私たちは、この制度を知ってはいましたが、シューレ中学を開校した時点ではこの制度を使うつもりはありませんでした。

しかし、現実に子どもとつき合っていると、この制度を活用せざるを得ないことが起こりました。

ある子が登校がとても苦しく、通学電車の中や道路でも頭痛や吐き気がし、休んだ方が良いといっても、行きたい進学先があり、それには出席日数がどうしても必要だったのです。その子は登校できるとほっとできる、休んだ自分は許せない、だからつらくても通う、通った日はちゃんとやれたので帰宅してごはん、お風呂と楽しくできる。でも夜九時頃になると、明日の学校を思って苦しくなり涙が出てくる、そんな日々をくり返していました。親とも何度か話し、親も「無理せず休みなさい」と子どもに話しているけれど、子どもの休まない決意は固いものがありました。それは、以前の不登校経験が背景にあると思われましたが、とにかくいのちを削って学校に来ている子どもに何とか休む気になってもらわないと……。スタッフも私も悩みました。その時、ＩＴ等の出席扱いを思い出したのです。

私は、その子に聞いてみました。

「もし、休んで家にいて、家で学習しても学校の出席になるんだったら、休みますか？」

「ハイ。出席になるなら休みます。学校へくるのはつらいので」

それで、すぐ教務のスタッフと相談して、スタッフミーティングに提案し、シューレ中学におけるＩＴ等在宅学習の出席認定制度をスタートさせました。

一日二時間以上、何らかの学習ができれば、学習した内容をＩＴ、ファックス、あるいは持参して確認できれば可能となります。あとは、週一回のスタッフかスクールソーシャルワーカーの訪問、または子どもか親が来校することで出席認定ができます。

その子は自習能力が高く、家庭で自ら学ぶことが可能な子どもで、登校してもみんなの所にいられない日は個人学習室で自学自習していましたので、その点では困らなかったようです。

出席認定制度を利用してからは、家庭での腹痛、気持ちの悪さも出なくなり、目的の進学先に入ることができました。

こうしてはじまった在宅学習の出席認定制度ですが、我が家もやってみようかというホームスクール部門の子どもや家庭がその後も現われました。

親や学校にやるべきだと言われて、やらないといけないと子どもが思ってプレッシャーになってしまうのでは考え直した方がいいでしょう。子どもによってはこれで安心する子、めりはりがついて一日が過ごしやすい子、自分も少しはやっていると自己肯定感を持つ子などもいます。

学習と出席は必ずしも結びつけないといけないものではないと思いますが、私たちは、学校で本を読むことと家庭で読むこと、学校で絵を描くことと家庭で絵を描くこと、どちらも学んでいるし、学校で学ぶのは価値があって、家庭はない、ということではないと考えています。家庭で時間や人の目を気にせず、思い切り集中することで自分にとって最もよい学習ができる場合があると考えています。出席認定制度はそんな意味でも、必要としている子どもがいると思います。

この年は、六人の子どもが認定を申し込み、四人の子どもが長く続きました。そのうち二人は来校日を決めて登校して、個人学習室で学習を継続するようになり、しだいに学校の垣根が低くなり、在宅中心ではなく、学校生活が中心になっていきました。ホームスクール部門を活用することで、子どもたちが安心や自信を取り戻し、自らの力で歩んでいくことがわかります。

では、先述した出席認定制度への批判はどういうことになるのでしょうか。学校復帰や学校中心主義に立つ環境のなかでは、本人を押しつぶす可能性がありますが、学ぶ権利を土台にした子ども中心の学校では、助けになり、状況によって考えられねばならないと今は思っています。

6●二年目の卒業生たち

二年目の進路についても、本当に合った選択をしている子どももいますが、まだ不安な気持ちでいるところへ高校受験の時期がきて、焦って決めてしまうことなどが引き続きありました。前年と比べ進路先で異なるのは、フリースクール高等部を選んだ子が数人おり、考えの幅が少し広がった印象がありました。

在宅中心で学習してきた子どもが、卒業前の三学期の自己評価カードにもこんなことを書いていました。高校受験をしなくても、このように自ら考えるところがすばらしいと思いました。

「自分はシューレ中学がはじまった時は、少し無理して何日か行っていました。そして行かれなくなって、シューレ通信を見たりして、みんなよく行かれているなあと思いました。でも、今思ってみると行かれる人は、それだけエネルギーがついたからだと思います。元気になるまでの期間はみんな人それぞれあると思います。わたしはまだ充分エネルギーがたまっていないんだと思います。まだ自分磨きの時間が足りない。いや、まだ時間がほしいです。もっと自分を磨いていきます」

このように自己を受け入れ、ちょうどいい時に、ちょうどいいやり方で進路を見つけてほしいと考えていますが、本当にいい進路づくりと言えるにはまだまだです。でも、子どもたちは精いっぱい立ち向かい、二年目の卒業生たちの進路は、高校二五人、フリースクール七人、高等専門学校一人、在宅二人となりました。フリースクールが視野に入ってきたのが一年目と異なる点です。必ずしも、高校でなくてもいいかもしれないと考える子どもや保護者が出てきて、一年目より幅を感じました。

二年目のシューレ中学を卒業した三年生たちの感想です。

葛飾生活を振り返って——3年Aさん

私は葛飾中学に入学してからの二年間で、いろんな経験をし、たくさんの人に出会いました。

入学して最初の年は、すごく気の合う友人にも出会えたし、文化祭実行委員で装飾もやって、楽しくて充実した一年を送ることができました。

三年生になって、仲の良かった友だちが卒業しちゃっても、スタッフの人が一緒に過ごしてくれたから、一人になることも少なかったし、二学期になって慣れてきた時も、新しい人が入ってずいぶんたってるし、今さらみんなと仲良くなるなんてことできないんじゃないかなと思ってたから、いろんな友だちが私と話してくれた時はすごくうれしかったです。

あと、JCC（日本文化クラブ）でもいろんなことがいっぱいできて楽しかったし、JCCを通しての友だちもたくさんできたかなと思います。

シューレに入ったことで私は、人見知りすぎてどうしようもなかった自分から、とりあえずいろんな人と話しができる自分に変わることができました。どれもこれも、今まで支えてくれたスタッフの人たちと、私と仲良くしてくれた人たちのおかげです。私はこの中学校に入って本当に良かったと思っています。
二年間ありがとうございました。

この一年をふりかえって――3年Bさん

私は三年生のこの一年間は、とても大きく変化した一年間だったと思います。例えば、この学校に入学しなければ出会えなかった人達と色々な忘れられない一生の思い出を作ったことです。

特に印象的な思い出は、特別なイベントなどではなく、なんでもない日常の思い出です。その中で、私は成長したり学んだり楽しんだり色々なことをしてきました。

そのこと以外にも、最初は全く真剣に取り組んでいなかった高校受験もその一つです。一学期の時の私は、「いくら頑張っても普通の高校に自分は行けないだろう」という気持ちしかなく、勉強も全くしていませんでした。けれど、卒業生に普通の高校に通っている方もいると知ってから、高校受験を真剣に取り組めるようになり、勉強も自分でも驚くほどするようになり、無事第一志望校に合格することができました。

私にとってこの一年間は、将来も大きく変わるような大切な一年間だったと思います。自分の夢に少し近付けたこの経験を将来に生かし、これからも頑張っていきたいです。

「1年を振り返って」――3年Cさん

この学校へ来て、一番良かったことは、勉強ができたことです。以前通っていたフリースクールでは、あまり勉強することができませんでした。だから学校へ通っている人より勉強が遅れていました。高校へ行けるかどうか心配でした。

昨年の四月に僕はこの学校へ入学しました。この学校では、授業とそれ活の「学習」の時間に、勉強を見てもらえます。一日四時間の授業以外に、週四日のそれ活の学習でも勉強して、遅れていた分を取り戻すことができました。そして、第一志望の学校に受かることが出来ました。

フリースクールに通っていた頃は、プリント学習で、順序立てて勉強していなかったので、今どのあたりをやっているのか、どれくらい遅れているのか分かりませんでした。だから、中学校を卒業したらどうなるのか心配でした。でも、この学校へ来て、計画的に勉強できて、高校にも受かったので良かったです。

「大切な場所」――3年Dさん

私はシューレに入るまで、友達関係はどうしたら上手くいくのか分からず、いつも誰かと一緒にいないと不安だったり、友達に無理やり話を合わせたり、毎日が楽しいとは思えませんでした。でも、シューレに入って、スタッフに相談したり、色んな友達と話していくうちに自分の考え方を少しでも変えられたかなと思いました。一年間通ってきた中で、一番自分にとって大きかったのは演劇部です。

みんな個性があって、明るく楽しく劇を練習してきて、自分が、他のことでつらかった時も演劇部があるから学校に行こうと思えたし、演劇部のメンバーで衝突しても話し合って、みんなの考え方が違うこと、みんなの感じ方が分かって色々考えることができました。つらい時も楽しい時も、演劇部のみんなの友達とスタッフが居てくれたから、自分も変われたし、学校が楽しい場所だと思うことができたんだと思います。

一年間だけの短い期間だったけど、シューレで過ごせて、本当に良かったです。

大切な思い出になりました。今までお世話になりました。また会おうね！　バイバイ。

「子どもたちがいい表情をしていますね」

見学者の方々に、このように言われるのが一番うれしいことです。二年目は一年目より、落ち着いてやっていくことができましたが、それは子どもとスタッフの信頼関係とスタッフの子どもを見る目の深さに関係すると思います。

三年目の学校づくり

1 ● 子どもで決めたホーム編成

開校三年目を迎え、前の二年と異なるのは、この中学校で三年間を過ごした子どもが、初めて卒業する年だということでした。子どもの成長力に驚かされつつも、一年で卒業、二年で卒業という子どもたちを見てきて「短いなあ」と思ってきたので、三年間をかかわってこれたのはホッとする点でもあり、期待もできました。

定員は二年目と変わらない一二〇名で、実際の在籍人数は一一五名でのスタートとなりました。内訳は一年生二九名、二年生三八名、三年生四八名です。

ホーム数も、二年目と同じ六ホームとしました。

このホーム編成は、まず子どもたちの考えを聞きました。卒業生が旅立ったあとの、一、二年生全体ミーティングでは「やっと慣れてきたので変えたくない」「文化祭で一緒にやって、このメンバーとなら、またやってみたいとすごく思った」という意見もあれば、「ホームに入りにくい。変わりたい」「ほかのホームの子とけっこう一緒だったから、その子のいるホームに行きたい」という意見もありました。結局、変わりたい人は変えてあげた方がよい、ということで個人アンケートをとり、変更によって大きな支障が出ない限り子どもの希望を受け入れました。若いスタッフが「シューレ中学はすごい、クラス編成をどうしたらいいかと子どもと話しあう学校は聞いたことがないけど、ここではやるんですね」と驚いていました。

子ども一人ひとりに希望を聞き、全体で十四人がホームを変わりました。その後のようすをみても、さほど違和感なく日々が進んでいき、そうしてよかったと思いました。

2●部屋の配置を変える

三年目で大きく変えたのは部屋の配置でした。開校時に考えた配置で二年間やってきて、どうもうまくいかない点がありました。子どもたちの環境をどのようなものにするかは、大きな影響を与えるものだと感じてきました。

変えたところは、フリースペース二室の設置と相談室の設置、保健室の移動、美術室と技術室の分離です。

前年度に子どもや親からも、ずっと出ていたのが、保健室への苦情でした。保健室は一階の玄関近くにポツンと一室切り離されて、しかも教室の大きさの半分という狭さで配置してありました。校庭とつながっていて、けがや気分が悪くなった場合には都合がいいのですが、逆にある種、たまり場のようになり、スタッフがたびたび行くには遠すぎて、養護教諭が一人で対応するには大きな負担となりました。最大の問題は、本当に体調が悪く、保健室で静かに寝ていたい、その必要があるという時に、子どもがいっぱいいてさわがしく、本来の役割を果たしていないということで、これには保護者からも強い苦情が出ていました。

もとより保健室が、校内一番の居場所であることは一般にもよく語られることで、そうであることは大事です。うれしい悲鳴でもありますが、必要としている子どもがそこで過ごせないのはもっと問題です。学校によっては、第二保健室を設置しているところもありますが、何か手を打たないといけない現実がありました。

いや、手を打ってはいたのです。スタッフが保健室にいる子どもたちに授業や行事参加、お昼を一緒に食べないか、など誘いに行ったり、養護教諭だけだと大変、という日にホームのスタッフが行ったりしてはいました。子どもを変えようとするより、環境を変えることが必要でした。

そこで保健室を二階の、スタッフルームに近い場所に移動することにして、隣りにフリースペースを作ることによって、保健室のたまり場的機能を担うことにすれば、静かな保健室が確保できると考えました。しかし、保健室の移設は簡単ではありません。これまでの実行委員会室と、「白の部屋」と名づけていた小さい部屋をこわして、保健室と相談室にすることにしました。また、保健室には水道をひかなくてはなりません。そのための予算も必要です。

これは、保護者の方の発案で、みなさんに寄附をお願いしたらどうかということになり、一人一万円で募ることになりました。八〇万円の工費のうち任意寄附で三〇万円がご協力いただけました。また、フリースペースにする二教室は、じゅうたん敷きにして、上靴を脱いで使うことにしました。それらの工事は春休みに行い、こうして新しい体制で三年目がスタートしました。

一年間やってみて思うのは、この変更は良かったということでした。保健室はごく少数の子たちが使う静かな空間になり、フリースペースがメインの居場所になりました。そして、フリースペースはスタッフも行きやすくなり、子どもたちが「お弁当を食べよう」とスタッフを呼びに来たりするとすぐに行けるし、一室がにぎやかでうるさく感じたら、もう一室を使えるわけです。

しかし、フリースペースを作ったために、専用のホーム部屋として恒常的に使える部屋はなくなりました。フリースペースから授業に出たり、「それ活」に出かけたりすることになりました。それはそれなりの良さがありましたが、ホーム別の活動をつくっていくことがやりにくくなりました。ホーム別ミーティングの時は、「Aホームは授業ルーム1に集まってね」とか、文化祭の頃は、「E・Fホームはフリースペース手前に集まってね」

という方法になりました。本音を言うと、あと二つ余分な部屋があれば、そこをフリースペースにすることでこのような悩みは生じずに済んだのですが、借りている校舎の枠内で、工夫しながらやるしかありません。こうして、保健室の悩みは解消しました。

3●フリースペースプログラム

やり方を変えれば、新たな状況も出てくるものです。フリースペースの設置にからんで、また一つ問題が生じました。

フリースペースでは、おしゃべりはもちろんのこと、マンガやゲーム、畳やソファの上で昼寝、お絵描きなど、それぞれのんびり過ごせるのが良さです。しかし、そこから学習や行事に参加しにくくなる子が新たに出てきました。自分は学習したいと思っているけれどゲームから抜けられない、ここから動くのは面倒くさいなど、結局一日そこにいたという子どもがいました。「でも、つまらない」とも言います。自分が学習に参加できていないことが、内心で引け目や自責感になって、いろいろな言動が出てきました。

そこで、スタッフミーティングで検討し、時間割上の授業には参加しないけれど、スポーツや音楽、もの作り、料理など子どもの関心が高い、参加しやすいプログラムから選択できるようにして、スタッフを配置するようにしました。

そのようなプログラムの工夫は七月からはじめたのですが、特に男の子たちがスポーツに参加する子が増え、その子たちにとっては充実した時間になっていることがわかりました。それを一般のプログラムと分け、「フリースペースプログラム」と称しました。子どもたちのアンケートによると、フリースペースプログラムができて良かった、と何人かの感想がありました。

一般のプログラムも、授業時間のある時点で切ってみれば、教室の中が何グループかになり、個人学習室や図書室や相談室で個別学習をする子もいて、すでにフリースペースプログラムが二～三種類あったわけですから、俯瞰《ふかん》すれば、多様に子どもたちがあちこちで何かに取り組んでいる風景が見えます。そして数人の子がプログラムに関係なく、フリースペースでマンガや本を読んだり、図書室で問題集を解いたり、スタッフルームでイラストを描いているなど、思い思いの姿もありました。

4●プロジェクトの日

三年目の学習活動で最も大きな変化は、毎週木曜日の「いろいろタイム」の日に、月一回の「プロジェクトの日」を設けたことです。「いろいろタイム」は、体験から学ぶ大事さや楽しさ、子どもが自主的にかかわりつくっていく重要さを考え、毎週木曜日に細かい教科の時間を入れず、午前・午後をたっぷり使って総合学習的に取り組んできました。

ホーム企画（ボーリング、水鉄砲大会、もんじゃ焼きなど）、修学旅行、周年祭、文化祭、旅立ち祭など学校行事の企画準備と実行、しごと体験や「ようこそ先輩」など進路につながること、社会科見学や理科見学や学習、性講座などを、この「いろいろタイム」で実施してきました。この時間は体験を通して、子どもたちの成長が実感できたり、子どもが楽しめたり、自主性を発揮できる場でもありました。ホームや「それ活」ではない場で、子どもと子どもがつながるよい機会にもなりました。

しかし、二年間やってみて何かもの足りなさも残りました。一つひとつに、子どもたちはそれぞれ取り組み、とりわけ行事をつくっていく達成感はとてもあるのですが、子どもたちはいついつはこれがある、いついつは何があるというスケジュールをこなしていたように感じました。年間を通すとバラバラな感じで、「私は今年これに取り組んだよ」という手ごたえがありませんでした。子どもがもっと自らのテーマで考えたり、継続して取り組んだりする方が、主体的に考えやすく楽しいのではと思い、そのような活動に発展していく必要があると考えました。

そこでいろいろタイムのうち、月一回、「プロジェクトの日」を設定して、テーマを持って子どもが企画し、探求し、活動することを提案しました。興味のあることができることから、子どもたちの賛同が得られ、子どもたちに何をやりたいかの希望調査を行い、スタッフ体制がどうとれるかも考え、序章でも述べましたが、次の一〇のテーマにしぼりました。

①音楽　②スポーツ科学　③国際理解　④アウトドア　⑤ものづくり

⑥マンガを描く　⑦写真　⑧パソコン　⑨映像研究　⑩動物

この月一回のプロジェクトを一年続けたことは、非常に良かったと思います。

やりたいことを中心に集まっているので、メンバーどうし親近感もあり、話題も出やすく、まとまりやすくなりました。企画して、実行しやすかったのです。

それに、少人数に分かれて活動するため、多人数が苦手という子どもも、体験学習に参加しやすくなりました。そして、一年間一つのことにじっくりかかわることができ、取り組んだ実感や達成感が持てるし、それを通して自信を持った子たちもいました。

興味のあるものに取り組んでいくということは、学びがやらされるものでなく、自分に引きつけることであり、知る楽しさや考える楽しさ、他者と一緒に活動する楽しさを味わうこととなると思います。

一年間終って、全員が集まり、各プロジェクトの発表を聞き合った日も、「ほおっ！」と思うなどいい時間となりました。「あの子は、あんな迫力のあるでっかい絵を書き上げたんだ」「あの子は、みんなの前で、発表できると思えない感じだったのに、堂々と話している」と成長を感じさせることがいっぱいありました。

パソコンプロジェクトでは、パソコンゲーム、携帯ゲームのプログラムを作ったり、暗号の研究やコンピューターウィルスの研究をするなど、子どもたちがやりたいことを深めていました。

音楽プロジェクトでは、はじめどんな音楽に興味があるか、どんな楽器をやってみたいか出し合い、一学期はお楽しみ会、二学期は文化祭、三学期はプロジェクト発表会に向けて何曲かずつ練習を重ね、最後に旅立ち祭では「オリジナルソング二〇〇九」を発表しました。これは、一期の卒業生に在校生から贈った曲をアレンジしたものです。

写真プロジェクトは、とてもダイナミックでした。毎月テーマを決め、メンバーが自由に撮ってきて、作品を集めていきました。四月は「始まり」、五月は「道具」、六月は「道中」(これは世界報道写真展を見に行ったので、その道中を撮りました)、七月は「夏」という具合でしたが、九月は二泊三日で長崎の沖合にある軍艦島まで撮影旅行に行きました。子どもの発想はおもしろいものです。どこに撮影旅行に行きたいかと相談した時、いきなり「軍艦島」と発言した子どもがいました。担当だった私が「なぜ?」と聞くと「それまで上陸禁止だったところが一か月くらい前、解禁になったばかりで、まだ何も荒らされていない。もうしばらくすると観光化しちゃって素の軍艦島を撮ることはできない。今のうちに撮って残したい」と言うのです。軍艦島は、大正期には岩礁しかなかったところですが、海底に大きな石炭層があることがわかり、海の底が次々と採掘されていき、会社や住居、学校、病院のビルが建てられた炭鉱の島で、四〇年前に閉山、無人島となりました。危険なため上陸できなかった島を長崎市と「世界遺産にする会」が一定の場所のみを上陸できるようにしたところでした。

メンバー全員が行きたいというので、宿泊を現地長崎のフリースクール「クレーンハーバー」にお願いしました。航空券も割引の大変安いものでおさえ、現地の乗船も「世界遺産にする会」を通して可能となり、無事実現しました。夜は町内会の人が神社で、長崎おくんちの本番前の練習をやっている場面や、原爆の爆風で吹きとばされた一本足の鳥居など、長崎ならではの写真もいっぱい撮ってきました。原爆資料館やグラバー亭も行ってきました。寝袋でフリースクールの居間に寝るうえ、昼間はものすごく歩いたのでとても疲れたと思いますが、掃除や食事作りもよくやっていました。

そして一〇月の文化祭での展示は、大阪に引き伸ばしたコメント付きの写真を各自十二枚ずつ展示して、迫力ある写真展となりました。

ものづくりプロジェクトは、八人で絵画、フェイクアート、コラージュ、オブジェ木工、模型とさまざまなジャンルに取り組み、それに必要な画材は、自分で探したり、スタッフと買いに行ったりしました。一〇〇号のキャンパスの絵や、スタイロフォームを材料にした大きなカブト虫など創作意欲にあふれていました。

マンガづくりプロジェクトは、長編マンガを描くグループとイラストを描くグループに分かれ、自分の得意なモチーフや手法で作品を仕上げていきました。実は、元マンガ家がスタッフにいるので、すばらしい上達ぶりになりました。発表の際の感想として、「今まで何げなく読んでいたマンガが、こんなに苦労の末にできたものだったとわかり、どんなマンガもページの隅から隅まで読むようになった」「回数重ねるごとに上達するのがわかってうれしかった」と充実感にあふれていました。

動物プロジェクトは、動物好きが集まり、まず、自分の家で飼っている犬をシューレ中学に連れてくることからはじまり、楽しそうでした。トリマーの人の話を聞きに行ったり、捨て犬や捨て猫のシェルターを訪問したり、「捨て猫譲渡会」を補助したり、アニマルセラピーの方からお話を聞いたり、東京都の動物愛護センター訪問など動物と触れたり、その仕事を知ったり、満足そうでした。

映像研究プロジェクトは、はじめ「イケメンのことしかやりたくない」という本人の希望があり、養護スタッフに担当してもらい、一対一で活動しましたが、おもしろい方向に発展しました。A3サイズのスケッチブックに、雑誌やインターネットで見つけた画像を収集し、カラーコピーして、人物ごとに分け、切り貼りし、四冊分八〇ページにもなりました。好きなことであれば、やる気も集中力も続くことに養護スタッフは驚いたといい、本当に楽しく一年間取り組みできたという実感を持てたようです。「今まで知らなかった子どもの力を見ることができ、私自身学ぶことが多かった」との養護スタッフのコメントでした。

アウトドアプロジェクトは、冒険・探検のイメージや、自然に触れたいという目的の子どもも入ってきたけれど、「ほかにやりたいことがなかった」「ほかは入りにくい」という理由で選んだ子も多く、メンバー総数も十九名と大所帯になりました。子どものやりたいことを大事にしていくやり方を考え、自由に提案を出してもらい、四月に年間計画を立てました。

バーベキューで炭の扱いを体験、洞窟探検、夏合宿での肝だめし、テレビの「逃走中」にあこがれて、シューレ中学の近所での大鬼ごっこ、飯盒《はんごう》炊さんで薪の扱い体験、年間通して農業体験をしてきた子に合鴨農法の話を聞く、プレイパークで思い切り遊ぶなど、英数国などの授業参加と比べ、参加率は高かったのでした。しかし、人数が多かったり、友人の動向に左右され、一人ひとりが自主性を発揮するようにはできなかった面もあり、課題が残ったようでした。

国際理解プロジェクトでは、ペンパルを見つけての国際交流や、好きな国について公共図書館やネットで調べているうち、各国の料理を作りたいということになりました。韓国、カンボジア、ブラジルなどの料理を食材探しも含め共同で調理して、十一月、十二月には世界のクリスマス料理やお正月料理を作って楽しそうでした。はじめ、個別でやりたがっていた子たちが、自然に共同で実習することになり、その良さを体験したのも収穫だったようです。

スポーツ科学プロジェクトでは、身体を動かすだけでなく、違った視点からスポーツをとらえ、身近なもの、科学的なものにしたいとの思いからスタートしました。野球好きの男の子が多かったことから、「どうすればイチロー選手のように、レーザービームのようなボールが投げられるか」「どうすれば村田選手のようにホームランを打てるようになるか」を研究テーマに、イチローや村田選手のフォームの分析、自分たちのフォームをビデオ撮影し、選手と比較、実践課題を明らかにして、体力トレーニングやコンディショニング、遠投と距離の測定、栄養や休息の研究にまでおよんだそうです。ケガの予防や応急処置、テーピングのやり方まで学び、プロ野球観戦に行くなどもしました。

発表時にフォームのことを実際にやって見せながら説明してくれたのが、私にはとても新鮮でした。

これらのプロジェクトについて、「こんな学び方もやっています」ということを保護者の方々に知っていただきたく、校内での手刷りですが、二〇ページの「二〇〇九年度プロジェクト報告集」という冊子を発行しました。

いろいろ課題を含みながらも楽しく取り組めたので、次年度にはもっと発展させたいと思いました。

5●ホームスクール部門の充実

三年目でさらに前進した取り組みにホームスクール部門があげられます。

子どもたちはふだん在宅中心ですが、毎週火曜日のサロンは安定して継続され、人数も常に何人かがやってきて、ゲーム、料理作り、スポーツなどの活動をしていました。サロンを開いている個人学習室は、体育館のすぐそばですが、通っている子どもの存在を意識してか、あまり体育館に行くようすは見られませんでした。しかしスタッフから「今日のホームスクール部門は体育館でみんなでスポーツしてます」と知らされた時は、萎縮していた気持が解き放たれてきているのを感じ、素直にうれしく思いました。

また学習したい子は、個人学習机で、スタッフにフォローしてもらいながら安定して学習を続けていたし、ホームスクール通信には、寄稿が増え子どもたちの絵やイラストがかなり掲載されるようになり、毎週一回の絵チャットはずっと続いていました。

そのような日常の成果でしょうか、秋の文化祭では、ホームスクール部門で一部屋を使って、ふだん家やサロンで製作した作品がたくさん展示され、お弁当を楽しそうに販売して、接客も緊張しつつもちゃんとこなしていました。

以上はふだん在宅の子どもがシューレ中学に来て、子どもどうしが出会う機会ですが、在宅したままでのサポートもあります。三年目はそこが充実しました。

ひとつには、二人のスクールソーシャルワーカーを三年目、思い切って手厚くしました。常勤一人と非常勤一人を雇用し、週に八人日の体制ができました。幸い男性も女性もいるため、やりやすい面があります。このスクールソーシャルワーカーは希望家庭に、家庭訪問をしたり、近くの喫茶店などで保護者に会ったり、子どもに会ったりしてきました。

子どものなかには通学に二時間かかる子もおり、そんな子の家庭訪問には、学校を出て戻るまでに六時間ほどかかります。それは、家に二時間くらいいる場合で、もし料理を一緒に作って食べて、片づけて帰ってきたり、ふだん描いたイラストを見るとか、学習のわからないところを教えたりすることになると、四、五時間ほど家にいる日もあります。家庭訪問に要した時間は八〜九時間で、一日一人だけという場合も出てきます。でも、家族以外に誰にも会わないその子にとっては、貴重なひとときだと思います。一日かけて一人とかかわる、それは、その子を大切にすることから動きを工夫しているのです。

また、別の子どもの場合は、ある時その子が興味を持っている東京の川にかかる橋の撮影に、スクールソーシャルワーカーが一日かけて同行しました。橋は川の水の上からの撮影、つまり水上バスに乗って次々と橋をくぐっていくのです。デジカメで撮影し、橋の名前や長さ、いわれ、建てた時の特徴など、一つひとつ調べたことをレポートにしてまとめた冊子は、圧巻でした。シューレ中学の二、三のスタッフにしか会いませんが、その子のしっかりした知性や観察力、表現力とともに、ワーカーがそこまでつき合うことで、行動が生まれ、持っている力が引き出されたわけです。何とわくわくして満ち足りた一日になったことでしょう。私もあとで見せてもらって一ページ一ページめくりながら、なんだか東京もいつか見たイタリアのベネツィアのようにも見えるなあ、と思ってしまいました。

家庭訪問を望まない子どももいます。私たちは、親と連絡がとれていれば、無理に会いません。ある子は毎日、ある遊園地に出かけています。本当にあきないそうです。きっと新しい発見があるから行けるのでしょう。そして、いい表情で帰ってくるそうです。その子とは担任スタッフが、いつもメールでやりとりしています。遊園地にくわしくなることで、きっといろいろその子なりに育っているものがあると思います。

学校に通う、在宅で成長する、いずれの場合も重要なのは保護者だと思います。親が理解しなかったり、焦ったり嘆いたりするのでは、子どもは在宅で落ち着いて成長することはできません。

そこで、ホームスクール部門の保護者会を開催できたことは述べましたが、隔月開催に定例化しました。いつも一〇人以上の参加があり、私たちはこの場で家にいる子どものようすを把握できました。また親どうし、お互いの子どもへのかかわり方が参考になったり、「困ったなあ、これでいいのかなあ」と思っていることが、実は我が家だけでなく、ほかのご家庭でもそうなのかと知って、ほっとされたりしていました。

昼夜逆転、ゲーム漬け、無為に見える生活、不眠、きょうだいとの関係など、いろいろな話題を一緒に考えるとともに、東京シューレや「登校拒否を考える会」の長い経験からのアドバイスもできました。この保護者会への参加で「とても気持ちが落ち着きます」という感想がありました。

また、シューレ中学でどんなサポート活動ができるか、具体的に相談ができたり、意見や要望をじかに聞けたり、学校側からのお知らせができるのも良かった点です。三年間かけて取り組んだ在宅の子どもの成長支援は、大変充実してきたと感じていますが、それは、親のみなさんの意見を聞きつつつくってきたことが大きかったと思います。そして、保護者のみなさんどうしも、学習会のあと、自主的にお茶の会をされたり、電話やメールで話されたりして、日常的に孤立感を持たないですんだこともメリットの一つだと思いました。

通常の保護者会もありますので、ホームスクール部門のお母さん方は月に二回も学校へ足を運ぶことになり、なかには学校運営委員や、図書ボランティアなどを引き受けてくださる方もいました。さらに交流の場を増やしてほしいという声に、開校二年目の二月より、ホームスクールの保護者用掲示板を設置しましたが、ネット交流ができてありがたいという声も寄せられました。

また、三月は日程的に多忙なため、二月でホームスクール部門の保護者会は終わりにする予定をお知らせしたところ、三月も是非実施してほしいという声が多く届き、旅立ち祭（卒業式）のあとではありましたが、春休みに開催しました。特に、学年を越えて交流されていたので、卒業の方とはなごり惜しそうでした。卒業後も連絡をとり合ったり、何かの行事には手伝いに来てくれています。

また、ＩＴ等在宅学習の出席扱いは、二〇〇八年度の秋から開始した制度ですが、二〇〇九年度は導入して二年目ということもあり、とても充実度が増したと感じました。

登録した子どもは九人で、出席認定日数は延べ四八六日になりました。そのうち、一年間を通して継続活用したのは四人、一定期間の活用は三人、登録したけど続かなかった子どもは二人でした。

前年度から継続している子は、より取り組むことに幅が出てきて、料理、ものづくり、家庭でできる実験、英語の多読、サイクリング、家族と出かけた水族館や初詣で見てきたことなどをパソコンでレポートにまとめ、写真付きでレイアウトも工夫して提出してきました。週に一度見せてもらうのがこちらも楽しみでした。

別の女の子は、お菓子作りが舌を巻くほど堪能で、週一回、お手製のケーキやクッキーを手みやげに、出席認定のための面会に来てくれました。とてもおいしく、見た目も舌触りもなめらかで、いつも新作のお菓子を持ってきてくれました。

「これなら売りものになるね」と言うと、「その気はまったくなく、あくまで生活を楽しむためアマチュアに徹する」と言うのです。料理やフラワーアレンジにもすばらしい力を発揮して、卒業時には、作品をプレゼントしてくれました。

教科書的な学習を五教科進める学習を中心にしたいという子どもは、わからないことがあるとスクールソーシャルワーカーが家庭訪問した際に質問して、理解していきました。

この出席認定の制度の良い点は、自分が家にいてやっていることがきちんと認められることで、学校に出席できていない自分への否定感、罪悪感が少しずつ取れ、落ち着いた気持ちで生活できるようになっていくことだと思います。ありのままの自分が「それでいい」と認められる、自分でも「だめだ、だめだ」「何もやっていない」と焦ったり、いらだったりするのではなく、少しはやっている自分を感じることができるのは、心理的安定にも大きいのです。

反対に、家でやっていることを出席認定できると説明すると、いわゆるプリント学習を中心とする教科学習をしなければいけないのではないか、というイメージで考えてしまう子どもがいて、「プレッシャーになるならやめておこうね」ということになったケースもありました。

また、有機農業を田起こしから収穫までずっとかかわり、それを写真とともに大判のスケッチブックに、合鴨農法の研究とともにまとめたり、美術、歴史、ものづくりなど、自主的、主体的な学びを展開してきた子どももいました。出席認定がすぐできるほど豊かで、多様な学びでしたが、進路として希望している工芸関係の高校が、出席日数にこだわらないこともあり、あえて出席認定されなくても、自分は広い学びができているという気持ちもあったと思いますが、この制度の活用はしませんでした。

この出席認定制度は、家にいることを肯定的に見ることができる点で、親と子の信頼感を育てたと思います。子どもは親に認められている安心感が持てること、親も焦りや不安が少なくなることを目の当たりにし、制度があることが、子どもをどう支えるのかについて大きく学ぶことができました。しかし、制度も理解しないで使うとマイナスも生むこともあり、子どもの個別性をどう尊重し、無理せず自己肯定感を育んでいけるかを、たえず現実のなかで考えていく大切さを感じています。

シューレ中学でホームスクール部門を設け、在宅で成長することも肯定的に見ながらつながりあったり、情報提供したり、以上で述べたような多様なサポートが生まれる活動は、東京シューレでの十五年以上にわたる「ホームシューレ」の活動が原点になっています。

ホームシューレでは在宅にいながら、自己を損なうことなく元気に子どもが成長している多くの家庭と交流してきています。そこから学んだ数々のことが、シューレ中学の不登校の子どもを支える貴重なヒントをくれたのです。

特に、親どうしの学び合いは意義深く、二年目は、三人のホームシューレの親に来ていただき、シューレ中学の保護者が体験談を聞き、グループに分かれてホームシューレ、シューレ中学がお互い交流するという形をとりました。

それが良かったとの声から、三年目はもう一歩進め、ホームシューレ、シューレ中学のホームスクールをもとに、お互いのやり方を知り合う発表をしたのち、多くの人どうしで、六グループに分かれて交流し合いました。昼夜逆転や、ゲーム、マンガ漬け、進路についてなど、共通することがたくさんあり、いい交流になりました。

学校をどう考えるかも議論になりましたが、ホームエデュケーション、ホームスクーリングは、一切の学校の排除ではなく、子どものための社会資源である学校をいかに主体的に活用するかと考えれば、登校、不登校、どちらがいいという問題ではなく、信頼感が持てる関係があるかどうかが重要ではないかと感じました。

第五章

いのちの輝きをみつめて

課題と展望

1 ● 開校四年目の改革

三年目の年度末、校内にはなかなかいい雰囲気が漂っていました。開校四年目に入る前に、その雰囲気を次につなげていきたいなと思う出来事がありましたので、まずは紹介します。

三学期に産休に入ったスタッフがいました。明日、産休に入る前日の放課後、子どもたちは彼女に内緒で、続々とフリースペースに集まりました。その時、ある市の四〇人の民生委員の見学があり、私は、ちょうどその人たちへの説明が終わったところで、ある子が「ちょっと急いで来て」と呼びにきてくれました。ちょっと前には、励ましの大判の色紙が回覧されており、私もひと言メッセージを書いたのを思い出しピンときました。

急いでフリースペースに行くと、子どもたちが学年やホームを越えていっぱい集まっていました。

まもなく産休に入るスタッフが呼ばれ、子どもたちはお祝いのプレゼントや何十人もが書き込んだ色紙を贈り、そのスタッフはおどろいたり喜んだりして、感激していました。

散会する子どもたちと廊下で出会った見学の人たちに「何があったんですか」と質問され、そのことをお話ししたら「いい話ですね。うらやましいです」と感動されていました。「子どもたち、ありがとう」。このようなあたたかい空気を大事にしていきたいと思いました。

二〇一〇年三月十四日、シューレ中学は開校後三回目の旅立ち祭を迎え、四五名の卒業生を送り出しました。

彼らのうちの六割は、開校時一年生として入学し、三年間学校づくりにかかわってくれた人たちでした。つまり、シューレ中学としては中学三年間をここで過ごした初の卒業生でした。中学生は伸び盛り。一年生の頃の小学生っぽい入学時のようすを覚えている私たちには、何と身体も心も大きく成長し、いろいろな知識や技術も身につけたことかと、まぶしいばかりでした。

進路先は約七割の子どもたちが高校に進み、高等専修学校に一割、学歴にこだわらずフリースクールの高等部でやっていく子が一割強、料理教室に通ったり、家でゆっくり人生を見つけたいと決めた子が一割弱という具合に、それぞれ新しい進路を見つけて行きました。

旅立ち祭には卒業生が自発的にやってきて、手伝ったり、なつかしがっていました。卒業生の「一人ひと言」の時には、自然とかけ合いの言葉がとんで、あたたかい雰囲気をかもし出していました。

三年生がいなくなった三月、一・二年生は「さびしいね」と言いつつ、四月の準備に取りかかります。

まず、ホーム編成をどうするか話し合い、変更したい希望があれば、変わっていいのではないかということになり、個々にアンケートをとりました。それをもとにスタッフ全体で希望をどう生かすかを編成していくのですが、どうしてもいくつかは、こちらを生かせばあちらがたたずで別の問題が生じるということがあり、すべてを受け入れるわけにはいかない状況が出てきました。それは率直に、希望を出した子どもに相談しようという方法をとり、たいていはわかってくれ、在宅の子も含めて全員が納得するホーム編成ができました。

また、春休みが明ければ、すぐ「はじまりの会」です。三月のうちに準備が必要です。一、二年生だけの実行委員会ですが、どうしたら楽しくなるか考え、シューレ中学についての○×クイズや「それ活」の紹介、おめでとうのクス玉など、いろいろなアイデアが出て、準備にかかっていました。

二〇〇九年度が終わる最終日。午前に大掃除、午後に「おさめ会」です。

一人ひとりに「学びの記録」を渡し、みんなが「今年一年、良くがんばったね」の拍手。

拍手のなかをそれぞれ受け取っては、スタッフのコメントを楽しそうに読んでいます。

そのあと、輪になって一年を振り返って、子どももスタッフもひと言コメントを言うのですが、これがとても楽しみでした。前の学期には、四〇人～五〇人いるみんなの輪のなかに入れなくて、入口からのぞくだけの子や、廊下にいて「いらっしゃいよ」と声をかけても、首を振って入ってこなかった子が、入って座っているのを見るだけでも「ああ、楽になってきているんだなあ」とうれしく思います。また、自分の順番が回ってきても、マイクを通過させて話さなかった子が、今日は「〇ホーム〇年の〇〇です。私が楽しかったのは、修学旅行と思い出づくりです……」と話しはじめると、オーッと内心思います。一年間の成長を感じるのです。

しかも今年は、来ている子のほとんどみんなが話をして、それもけっこううまいのです。シューレ中学では、「こう言いなさい」と指導することはやらないので、自分の言葉で話しているところがいいなと思います。

スタッフもみんな振り返ってのひと言を言いますが、ある講師は「自分は、長い間いろんな学校に勤めてきたが、こんな気持ちのいい学校は初めてで、ここで働けてよかったと思いました」と言ってくれました。さらに病気で入院した経験から「いのちの大切さを実感しながら生きています」とも話して下さいました。

私は「今、荒れている小中学校が多くて校内の暴力行為は過去最高となっている文科省のデータもありますが、シューレ中学は、酒もタバコも暴力もなく、おだやかな落ち着いた雰囲気で、学校生活がやれているのはとてもうれしいです」と話しました。それから何人かが言った「思い出づくり」の話にからんで「後楽園で、みんなに誘われてパワーハッカーに乗って、降りてきてから年齢制限越えていると言われてショックでした」と話して大笑いされました。

子どもたちは、この日が最後ですが、スタッフは年度のまとめとともに、来年度どうするか、二、三月にかけて検討してきました。

まず、ホームの場所は、やはり前に戻して固定することにしました。一長一短があるのですが、はじめはやはり、少人数で関係をつくっていくやりやすさや、どこにいていいかわからないことへの不安を少しでも軽減するほうを優先しました。

多くの学校でやっているように、クラスに教科担任がやってくる方法で授業をする方が、移動が面倒だといって授業に参加しない子も参加しやすいのではという意見も出ました。しかし、授業に参加できない子、参加したくない子がいるところがなくなって、結局登校しなくなるのではないか、やはり授業は授業ルームで行い、ホームは居場所やミーティングの場としようということになりました。

さらに、授業に参加ができない、しないといっても子ども自身はそれでいいとは思っていないようすで、不安を紛らわすようにふざけたり、フラフラしたりします。またたまっている子が盛り上がると、ほかの子が学習に集中できないなどの影響も出てくる、こういう子どもが毎年必ずいることについて、まだ有効なかかわりができているとはいえない、という点については何回か、時間をかけて話し合いました。

入学してくる子の多くは学習したいと思っているわけで、決まった授業に参加しなくても、学びたい気持ちはみんな持っています。また、何か充実感を覚えたときは、喜んでいるし、いい表情になります。

シューレ中学では、個々の子どもの状況、ペース、能力、気持ちに応じながらやってきましたが、まだ満たされない気持ちを抱えている子もいます。もちろん、これまでの学校経験や家庭状況や本人の状況がからみ、学習をやるのに必要な心理的安定にいかない子もいますが、それでも、どんな学習のあり方なら意欲が出たり、生き生きと過ごせる時間が増えるだろうかと真剣に検討しました。

そして、たとえば「それ活」や、プロジェクトのように、自分で選ぶものは参加しやすく、参加率も高いことから、興味・関心を核に、すでに決まっているものではなく、自分が選ぶこと、内容も自分がかかわって決めるやり方であることをふまえ、プロジェクトの時間をいっそう重視する方針を打ち出しました。これまでは、月一回いろいろタイムでやってきましたが、毎週丸一日使えるようにして、プロジェクトを通して、さまざまな教科の学習もできる工夫をすることにしました。しかしこれは、英、数、国などの教科時間が見た目には減ることですから、不安になる人もいるかもしれません。でも子どもには体験を通して、保護者には保護者会などを通して理解してもらおうということで、すでにスタートしています。

一つのプロジェクトに二人のスタッフがほしいので、プロジェクトのテーマは、六つに絞ることになりました。しかし、前期・後期と二期制にするので、子どもは年に二分野は選択できます。

四年目の前期は、次の六つの活動が進んでいます。

森と水　・スポーツと身体　・東京散策　・美術系製作　・食と農　・国際理解

従来の金曜日の教科授業の参加者より、プロジェクトになった今年の金曜日の参加者の方が多くなっているし、生き生きと活動しており、とりあえずこの判断でよかったかなと思っています。

もうひとつ、授業参加しにくい理由に、基礎学力が低いため、理解できない、ついていけない、つまらなくなってしまい、そのまま参加していない、という子どもたちもいました。もちろん、どの授業も開校一年目から、二人〜三人のスタッフを配置して、学力差に応じた学習ができるようにやってきましたが、限界がありました。授業からはずれた子と一緒に別のスタッフが話したり、過ごしたりはできても、その子のそばにいて、その子の理解力や特性に応じて学習を進めるには、スタッフの数は足りないし今までのシステムではむずかしかったのです。

そこで、ホームスクール部門の子どもが学習にやってくる個人学習室とは別に、相談室の奥を使って「マイペースで学習するコース」（略して「マイコース」）を設置し、担当スタッフを決め、さらに手のあいたスタッフや私が手伝うことにしました。大勢がいるところでは落ち着かない発達障がいの子や、刺激のあまり多くない静かな環境でやりたい子にとっても気持ちを落ち着かせるようです。

学習に、もう一つカリキュラム上の工夫をしました。

月・火・水の朝の一時間目を、ホームでの個人学習としました。英・数・国など、個人の段階に応じてやりたいプリントがいつでも学べるように、二階の廊下に置いてあります。自分が、これをやろうと思うものを選び自習します。わからない時は、ホーム担任でも、別の部屋にいる教科担任でも聞きにいっていいのです。これは、今のところ、けっこういい雰囲気でやれているると、どのスタッフも言っています。

朝に個別学習を持ってきたことは、もう一つ意味があります。登校時間がまちまちになってしまうシューレ中学は、二時間目からがしだいにそろってやりやすくなるので、一時間目の参加者が少なくて授業が進めにくかったことを、子どもの一時間目の個人学習をやるなかで調整してもらうことで、子どもの気持ちの負担感も、スタッフ側のストレスも軽くなっています。

ホームスクール部門も、思い切って担当スタッフをつけました。これまでは、ホーム担任が通ってきている子のかかわりの合間を通して連絡を取っていたのですが、どうしても時間に追われ、関係を深めたくても、親と連絡を取りそこねたりすることがありました。

二人のスクールソーシャルワーカーとも連絡を取りながら、また、保護者会や保護者の相談にのることも含め、月に一回は全員の子どもの状況を確認し、必要な支援を話し合うホームスクールミーティングを定例化しました。入院中で、週一の病院訪問をしているスタッフもいます。これは、子どもからの希望ではじまったものです。

また、これまでホームスクールサロンは火曜日でしたが、大勢の子が来るようになり、そこでは、遊んだり体験やものづくりをすることでいっぱいになってきたので、今年は毎週月曜に、ホームスクールで学習したい子が来る日を作りました。私は、今では、ホームスクールの担当スタッフに「そこまで来たら、今度は子どもたちによるミーティングをするのはどう?」とすすめています。多くなると、話し合って決めたほうがいいことも生じたからです。大きい村の中に、小さい村があるような感じで、おもしろいことになってきました。大きい村に、少しいにくい子が、小さい村にときどき顔を見せて、居場所を見つけていたりします。

六月二四日はバスで全校の「いろいろタイム」で潮干狩りに行きました。ホームスクールの子たちも参加はできますが、なじめなさもあり参加を望んでいません。すると、こういう話が持ち上がりました。「学校がカラなら、その日、ホームスクールの子たちが体育館やグラウンドを好きに使っていいよね。スポーツやりたい」と言うのです。エネルギーが出てきた証拠です。今度、ホームスクールでは、葛飾柴又に行く計画が決まっています。安心できる関係のなかで、家族としか過ごしていなかった子どもたちの世界が広がってきています。

このように、学校が在宅の子への成長支援を進めていますが、ほかの学校と違うところは、学校復帰のために指導しているわけではないところです。あくまで、在宅を否定しない多様な育ちがあるという考え方のもとで、ありのままのその子を大切にしながら、やりたいこと、学びたいことを応援しているのです。このやり方が自然で無理がなく、信頼感も、安心感も育つのです。

でも、ここまでくると通って来る子も休んで家にいる子も、あまり線引きできないと感じます。出席と欠席にこだわる考え方のほうが不自然だと思います。

私たちの学校は、つくり続ける学校です。

たえず、子どもの現実に立って変えたほうがいいと感じられる部分を変えながら、四年目の実践が進んでいるところです。

2●三周年祭――シューレ中学のこれまでとこれから

六月六日、快晴の日曜日、東京シューレ葛飾中学校は三周年祭を開催しました。

四年目の一学期は、新入学・編入学の新しい子どもたちを迎えて、全校一〇五人でスタートしました。その後、一年の転入生が二名あり、今日現在で一〇七名です。考えてみると、全員不登校だった子であり、それが一〇七名も集まる学校ということは考えられないことです。学校へ行きにくい、行きたくない子どもたちが全員、ここなら来たい、行ってもいいと思ってくれたのです。

そして、どの年もそうであったように、一学期、新しい子たちが入ってくると空気が変わり、人間関係が変わり、衝突があり、落ち着きのない日々がしばらく繰り返されます。

・オリジナルソング

そのなかで、三周年祭の子ども実行委員会がつくられ、女の子が実行委員長になり、オリジナルソングを作ったり、映像作品を発表したり、クイズを用意してパーティを盛り上げたり、積み上げてくるとやれるものだなあと感じました。

子どもたちは、オリジナルソングの歌詞を募集し、気持ちを込めた歌ができました。

「始まりだよ」（東京シューレ葛飾中学校オリジナルソング）

ぼくのためにある　君のためにある
ゼロから始まる　空白に描く

今まで闇だった　その分の力で
明るい光を　照らし合わせよう　これからも

始まりだよ　自分らしく　Drawingするんだ
一日一日の　足跡　刻む
始まりだよ　辛いことも　不安もあるけど
明日もあるよ　I Believe　続く

ぼくだけの色合い　君だけの色合い
ゼロから始まる　スタートを描く

暗い道を歩いてきた　その先に光がある
新しい出会いに　固まった心が　とけていく

始まりだよ　自分だけの　色合いをつくろう
自分の変わらないもの　変えてゆけばいい
始まりだよ　みんなの色　違う道がある
You can do it!　いつも　I believe in you.

・ロゴマークとモニュメント

ほかにも、ロゴマークを募集して四〇点ぐらいの応募作品のなかから、卒業生と現役二年生の作品が決まり発表、二人がロゴに込めた思いを語ってくれました。卒業生の女の子は「東京シューレ葛飾中学校の頭文字をとって『ＴＳＫＣ』をデザインしたものですが、Ｔ（共）に、Ｓ（スタッフ）とＫ（家族）とＣ（チルドレン）がつくる学校というところがすてきなので、これからもそういう学校でありますようにと思って考えました」と言い、現役の男の子は「ぼくは、校門を入るとき、桜の葉の緑がとてもきれいで、それをデザインしました」と語っていました。司会の実行委員の子は「このロゴマークは、今後あちこちで活躍するでしょう」とコメントしていました。

また、校内にある桜の木の奥には、子どもたちが木彫りした丸太をモニュメントとして、六本（六ホーム）を三組（三周年）にして、区にお願いして建てさせていただきました。借り校舎ですが、少しでも自分たちのものと感じられる工夫でもありました。

・ゲストスピーチ

三周年のイベントでは、元千葉県知事の堂本暁子さんにゲストスピーチをお願いしました。堂本さんはジャーナリストとして、東京シューレ誕生前から「登校拒否を考える会」の活動や矯正施設を取材して、ひどい人権侵害があった当時の登校拒否の状況を告発しました。また国会議員になられてからも、フリースクールの子どもたちの通学定期獲得運動を、東京シューレの子たちとともに国会で進めたり、知事になってからは、県とＮＰＯの協働で居場所をつくったり、県の子どもと親のサポートセンターに市民や当事者を採用するなど、一貫して応援して下さいました。

シューレ中学の開校でも、図書の予算が少ないためご尽力をいただき、映像コーナーを作ることができました。堂本さんは、それらの思い出にも触れつつ、ご自身の子ども時代にも触れながら、子ども中心の教育の流れはずっとあったとの話に、私は本当にそうだと思いました。日本の教育のなかで、少数派ではあったけれど、その歴史のうえに東京シューレの活動があり、シューレ中学があると、はっとする思いで聞きました。子どもを大切にする教育が広くできてこないがゆえに、子どもは苦しんできたのです。この原点をシューレ中学のなかだけではなく、日本の教育全体に行われていくのが課題だと強く感じさせられ、三周年にふさわしいゲストスピーチをいただきました。

・リレートーク

子どもたちのリレートークは、それぞれの年度の卒業生から一人ずつで三人、それに現役から一人、計四人が登場、要約して紹介します。

第一期の、たった一年しかいなかったIさんは、「中一で不登校になり、一年在宅生活したなかで、自分のしたいことを考えた。それは修学旅行、しごと体験、新しい友だち、勉強だった。母より『ここなら全部できるじゃん』と言われ、入学することに。入って『ひま部』をつくり、仲良しグループのように次々やりたいことをやったが、修学旅行の実行委員長を引き受け、違う楽しさを知った。自分勝手には進められず、みんなの意見を聞いて、みんながどうすれば満足できるかを考える、でも多数が参加してくれて『旅行、楽しかったよ』と言ってくれて、とってもうれしかった。自分の喜びだけに終わらず、みんなの喜ぶ気持ちを大切に活動するのもいいことだと初めて思った。それに気がつけたのはシューレ中が自由にやらせてくれたからだ。今、都立高校に行って、楽しかった中学とのギャップに苦しんだけれど、将来のヒントはここにあると思っている。みなさんも楽しんでください」と言っていました。

二期生のB君は、「小五で不登校、半年後フリースクール東京シューレに入り二年、ちょうどシューレ中学ができるというので入学して中二から二年間やってきた。他校だったら経験できなかったことをいっぱいできた。自分のなかで特に大きかったのは、演劇部の創設と旅立ち祭までを映画にして上演したこと、広島の修学旅行を実現させ、選択肢をいろいろつくって、一生かかっても経験できないこともできた。まだ何も見つかっていない人は、やりたいことが少しでもあったらスタッフに言うといい。自分は今、定時制高校にいるが、大学に行きたいので、大学について下調べしたり勉強を進めたりしている」。

三期生のUさんは、この三月卒業したばかりですが、三年間、シューレ中学で過ごしました。「人とトラブルになることがいろいろあって小学生で不登校、東京シューレに入って、シューレ中学に入学したが、第一印象は学校っぽい、何か違う感じを受けて落ち着かなかった。しかし通信作りの編集部に属して、また学校運営委員や実行委員も少しずつやるようになって、その感覚がまた違ってきた。かまえなくなって、考えてきたことが出せるようになり、人との関係がつくれるようになった。人と大さわぎするなんてとんでもないと考えていたのが、大さわぎすることも楽しくなった。そして、人との関係は、近すぎてもダメだし、遠すぎてもダメ、ちょうどいい距離を考える、それがシューレ中学で学んだこと。また、迷ったときやらないであとで後悔するより、やって後悔するほうがいいということも学んだ」。

最後に、現役シューレ中学三年生のK君は、「小六の担任が生徒の悪口ばかり言う人で、そのうえ暴力があって三学期から休みはじめた。親もはじめは学校へ行かそうとし、担任も来させようとして無理して登校していた。新聞でシューレ中学のことを知り、親と見に来て、ここなら入ってみようかと思い入学した。はじめは緊張して慣れなかったが、だんだん安心できてきた。友人とおしゃべりしたり、ギャグを言ったり、今は実行委員や運営委員もやっている。これからも、学校生活を楽しくするようにしていきたい」。

それぞれの子どもの出会った苦しさと、シューレ中学の意味が、短い言葉のなかでとても伝わってきて、時間とともに深いとらえ方ができていることがわかりました。それを自分の言葉で語り、子ども自身の成長力とたくましさをまざまざと見た時間でした。

・講演とシンポジウム

子どもたちが、パーティまで自由にグラウンドや図書室、でこぼこルームで過ごすため、体育館を去り、大人だけになった第二部では、山下英三郎さんの講演を一時間、親シンポジウムを一時間行いました。

山下英三郎さんは、日本社会事業大学の教授であり、日本スクールソーシャルワーク協会の会長をされています。堂本さんと同じように、シューレとのおつき合いは長く、八〇年代末、当時の文部省の「登校拒否問題に関する調査研究協力者会議」のヒアリングを山下さんと私の二人が受けることになり、打ち合わせに初めてお会いして以来、親の会や全国ネット、東京シューレで講師を引き受けていただき、不登校の支援活動を一緒に行ってきました。そして、シューレ中学の開設にも協力をいただき、理事も引き受けていただいています。

山下さんの講演は「子どもの可能性をひらく」というテーマで、スクールソーシャルワークの考えにもとづきながら、子どもの可能性を信じ、感じ取り、何を手がかりにしながら可能性を開いていくのかについて、具体的なお話を交えながら学ぶ時間となりました。山下さんは「不登校の子どもがいるのは、社会が多様ということで豊かなこと」、「社会のしがらみや思いがじゃまをするが、大事なことはシンプルであり、子どもが大切にされ尊重されること」、「私も転職を繰り返し今があるが、不登校してもプライドを持ちながらやれるのがいい。自分がいることを感じることは人生を豊かにすることだと考えることをすめたい」など、基本的な原点を伝えてくださいました。問題があることを悪くとらえるのでなく、問題があることで、環境に働きかける課題が見え人と人をつなぐのだ、問題があることを大切にしたいというお話も、シューレ中学の実践と重なり、深く共感できました。

そして、こういった今後のシューレ中学の方向を親・スタッフ・関心のある参加者（子ども希望者もいました）で、聞けたことが三周年にふさわしい内容となりました。

その後の親シンポジウムはたった一時間しかとれませんでしたが、卒業生の親、一期づつに一人、現役の子の親一人計四人に登場いただきました。一人十五分弱のお話でしたが、アンケートでは親シンポが良かったという反響が多くありました。シューレ中学の意味・意義を表していると思えるので、ここで紹介したいと思います。司会は奥地がやらせていただきました。

不登校・シューレ中学への動機は？

一期生親　小学生の頃から喜んで行くというわけではなく、学童だけ行きたいと言っていた。いじめがあり、脱毛もあるなか、必死で通学、小六の二学期から『このままでいいんだよ』という健康学園で元気になり、公立中学へ入学。がんばって通学していたが、あとになって、学校そのものが全然ダメだったとわかる。

シューレ中学に入ったのは、ラッキーなことに前から奥地さんの名前を知っていたから、身近な感じはあった。開校を知って、スタッフと話し、安心でき、説明会で感動して、本人が三年から入学した。

二期生親　幼稚園で行きしぶりがあり、小学校で転校したが行きたくないと。疲れて行きたくないということはあるだろうから、あまりうるさく言わなかった。中学に入って朝練や学習に張り切っていたが、夏休みに頭痛を訴え、休んでは元気になり、明日は行こうかとやっていた。中一の秋、二段ベッドの上から、ひっぱっても何してもまったく動かなくなった。小柄なのに、これでは登校させるのは無理と。

それからこんこんと寝て、この子は疲れていると親も腹をくくった。『おそい・はやい・ひくい・たかい』という雑誌の奥地さんの文章を読んで、十二月頃、今度中学ができると知り、説明会に来て、感動し泣きながら聞いた。本人にパンフレットを見せたら「たいくつしているから行ってみてもいい」と言うので受けた。二年間在学した。

三期生親　小一の二学期から不登校。ある日、風邪をひいて休んで元気になった朝、息子が「迷惑かけちゃいけないと思って言わなかったけれど、学校はもう行けない」と言ったのでびっくりした。元気で社交性もあり、なんでこの子が、と。でもその後に微熱、腹痛、身体が痛いなど全身の症状がでた。授業には参加しないが、家で自分で学習し、放課後は友人と遊んでいた。しかし、友人たちの帰りが高学年になって遅くなり、遊べなくなって東京シューレに入った。その時、中学をつくる計画を知り、親として「学校を創る会」に入った。クラスかホームかとか、異年齢がいいとか、いろいろ話し合った。本人も、数人友人がシューレ中学に行くということや、そろそろもっと勉強したいという気持ちもあって中一で入った。

在校生親　双子が共に不登校している。妹は、小二でいじめがあり不登校。先生は「学校のいじめはなくなった。続けてこないと不登校になる。朝起こせ、来ないならドリルをやれ」と指示が次々。でもその通りやると日に日につらくなり、具合が悪くなった。ついに「学校に行くぐらいなら死にたい」と言うので、学校よりいのちが大事と休むことにした。

姉は登校していたが、とてもつらそうで、親に一緒に行ってくれと言われ同伴登校していた。そのうち「どうしてこんな人生なの」「やりなおしたい」とずっと言うようになり、「死ぬ」とも。学校と話し合っても「気にするほうが悪い」「強くなれ」「社会に出て困りますよ」と言われ、驚いたうえに、カウンセラーまで「学校に行けた日には、ごほうびをあげてください」と言うので、この学校には不登校がわかる人はいないと思った。体操服や上履きもなくなった。

五年の二学期、姉妹とも登校を決め、親も先生と話したが、何回話しても「何時に起こしているか」「何時に家を出ているか」など、親の声かけが悪いと言われ、母親としてどんどん落ち込んだ。姉も「早く、早く」とか、「声が小さい」とかおこられてこわくなり、行かなくなった。

その頃、シューレ中学がやっていた「葛飾不登校親の会」を知り、またホームシューレとの出会いもあり、自分たちはおかしくなかったんだとわかった。親の会では何でも話せたし、シューレ中学なら安心、子どももここなら行きたいというので入った。

シューレ中学は、どんな存在だったのか?

一期生親　それまで大人不信もあったので、信頼できるスタッフがたくさんいて、ほっとしたと思う。子どもの言い方は「いやなスタッフが一人もいないんだよ」ということでした。そして、そのままの自分でいられるのがいいと。

娘は、もともと元気だったので、先日電話で『ここに通ってきているときは、まだしんどかった。うちにいるよりはいいから行っていた』と言われ、ショックでもあったが、今の自分があるからそう言えると思う。言葉で自分の思いをしっかり伝えるように成長できた。

二期生親　背がものすごく伸びたし、自分で休まないで来ると決めたのだが、一日も休まず遅刻もしなかった。「やったぞ」という気持ちがあったと思う。また以前だったら切れちゃっていたことも「フーン」と聞き、受け答えがいら立たなくなった。スタッフが「いいんだよ」と受け止めて本人を見てくれたのが良かったと思う。

親の私にとっては、人が苦手で人前に出ないように、出ないようにしていたが、ここでボランティアをいろいろやり、今日もこのシンポジウムに参加し、変わったと思う。ここに入っていなければ『どう？　勉強』くらしか言わない親だったかもしれません。私にとっても多くのつながりができて感謝している。

三期生親　フリースクールでは、パソコンに凝り、いろいろな体験もしたが、鉛筆を持つような勉強はしなかった子。でもここに入学してから数学がおもしろい、理科がおもししろい、と授業の話をするようになった。数学の問題を解くのは、ゲームを解いたおもしろさと全然違う。興味から学ぶ、そして好奇心をスタッフが支えてくれるので、好奇心が明確になっていった。やりたいことはやるが、やりたくないものは絶対やらないという頑固なところがあるが、やりたいことのためには、やりたくないこともやるようになった。息子がこの中学でやったことは、主体的に生きることだったと思う。子どもが主体的に生きるためには、親のあり方も大事で、私も変わってきたと思う。先日、息子が「こんなどうでもいい話、お母さんくらいしか聞いてくれないからサ」と話してくれたことがあった。「つまんなかった」という話だが、以前の私だと「そんなちょっとのことでつまんない、なんてどうすんの、こうしたら、ああしたら」とお説教していただろう。

今は、私自身のフィルターを通すのではなく、素直に子どもの話を受け取れるように少しはなっていると思う。

また、シューレ中学では「最近お弁当の量が増えたね」など、スタッフがお弁当の量まで知っていて話ができるので、核家族の孤立感がない点もラッキーだった。

在校生親　うちは、ホームエデュケーション部門に所属している。シューレ中学は、家にいても安心できる場所なのでいい。また学校に行きたい日は、ぱっと行ける。家にいてぱっと学校へというのは一〇〇パーセントなかった。

わが家では、はじめ身体を起こすのもつらい時は、一日の生活がやっとで、折り紙を折るぐらいの活動で、あとは横になるという日々。しかし、どんどん元気になり、家庭にいてやっている活動をあげると、紙工作、チャット、DVD鑑賞、歌唱、クラシックバレエ、手芸、パソコン、工場見学、映画館、設計図、オカリナ演奏、英会話、パズル、ネイルアート、山登り、潮干狩り、ローラーブレード、みかん狩り、たけのこ掘り、栗拾い、トマト栽培、しいたけ狩り、父と兄が好きで一緒にバラ栽培、地域の人と外歩き、最近は学習プリントをやりはじめ、家庭科、地理、理科にもおよんでいる。

子どもが不登校になって、「ホントは行っていたのに」と私自身苦しかったが、ホームエデュケーションを知って、気持ちのうえで苦しくなくなった。いろんなやり方で成長できると思うし、学校とのつき合い方も多様でいいと思う。

最後に、進路については？

一期生親　自由と個性を尊重する私立の全日制高校の三年生になった。進路についても、北海道縦断の修学旅行にまもなく出発するが、高三のこの一年を満喫したうえで決めればいい、と言える親になったのは、シューレのおかげと思う。娘は「心配は自分にさせてくれ」と言う。「親は、いかに子どもにとって安心できる親であるかを考えてほしい」と。子どもも進路について自分で考えていると思う。そんな娘にどこかで安心している。

二期生親　通信制高校に進学して、その二年生。通わないでいいところだが、通うコースがあり、週五日行っている。「ほめすぎじゃないですか」というくらいほめていただいている。進路については全然はっきりしないが、本人が補習をどうしようというので、いつ役に立つかわからないけれど、受けたければ受ければと言った。本人の気持ちでよく、どんな将来になるのか楽しみ、という気持ちで見守っている。この学校に来て、親としても将来もつき合うかもしれない仲間ができて良かったが、これはウチの子のおかげで知り合ったので、子どもに感謝している。

三期生親　中二の頃から、全日制の普通高校に行きたいと言い、希望通り今春、都立高に入学した。シューレ中学で数学の魅力に出会い、今の高校でもさらにおもしろいと魅力が広がっている。また、部活で陸上を選び、思い切り走ることに挑戦、夜はぐっすり、すぐ寝入る生活をしている。

都立の全日制高校に入ったといっても、うちは小学校も行っていない、中学もシューレ中学のみで塾はまったく行っていないが、高校で学習には困っていない。高校の先生は保護者会で「勉強、勉強とやらせないでくれ。みんな疲れている」と言っている。でも本人は、俺はこれからまだまだやりたい、おもしろいからやるんだと言っている。限界はないんだなとその姿に思っている。

在校生親　入学した時、三年しかないので高校に行けるようになるとは思わなかった。一年たって、元気になってきたが、焦らない。人それぞれでいいと思っている。傷が深い人ほどゆっくりやればいい。卒業は一つの区切りであって、娘に合わせればいい。勉強したい時は人それぞれであり、エネルギーがたまった時が進路を決める時だと思っている。

3●子ども中心の教育をもとめて——子どものいのちに寄り添う

前の項で三周年祭を紹介したのは、たった一日ですが、シューレ中学の存在の意味や意義、展望が見える内容だと感じたからです。

まずこの国では、たくさんの子どもたちが学校教育を中心とする教育のなかで、とても傷ついています。フリースクールやシューレ中学で、四半世紀、学校に行かない・行けない子どもたちに出会ってきましたが、彼らに、生まれてほんの数年、十数年の間に、こんなにつらかったり、生きていたくないという思いや経験をさせていいのだろうかと、何千回思ったかしれません。血税でできている学校で、こんなに苦しい目にあうなら、何のための学校なのでしょうか。もちろん、学校は何もかもできるところではありませんが、少なくとも、もっと子どもの立場に立って考えたり、子どもの気持ちを大事にしていくことで、こんなに傷つくことは大半が防げるのではないかと思います。学校のあり方を変えるには、子ども中心こそ軸になる必要があります。

また、不登校になって、何と子どもたちは理解されず、気持ちが受け止められないことでしょう。もう行けない状態にもかかわらず登校させられようとし、休むのは良くないと言われ問題行動にされます。登校拒否・不登校は、東京シューレをはじめた二五年前は、とても否定的に認識され、長期に欠席している状態に対し、それが本人にとってどんなに必要なことであったり、やむを得ないことであったり、その子にとってはそれが良い結果を生み出している状態でもあっても関係なく、次のような言葉を投げかけられていました。「怠け」「逃げ」「甘え」「こころの病」「ワガママ」「自我未成熟」「弱さ」「落ちこぼれ」「自立性の欠如」「耐性がない」「不適応」「発達に問題がある」「親の育て方が悪い」。

すべて、学校に通うのが当然で、まともに育っている子どもだと見れば、出席していないことがそのように映るだけであり、個々のケースによっては、学校と距離をとることが成長のうえで良かったことはいくらでもあります。

しかし、日本は学歴社会であり、学校や教育が絶対化され、子育てを学校に依存している社会と言ってもいい状況のなかで、不登校は子どもからの重要なＳＯＳのサインであるにもかかわらず、上から目線、つまり当事者の事情や気持ちを尊重するのではなく、国としての学校復帰路線、親の都合や不安解消のための対応が続きました。

不登校の子どもの人権や権利は無視され、時には踏みにじられ、学校へ行かなくなるまでもつらい思いをして、行けなくなってからもつらい、つまり二重の権利侵害を受ける状況が存在してきたのです。これでは、「自信を持て」「自己肯定感を持て」と言われても、罪悪感、劣等感を持ち、ちゃんとできない自分を責め、不安や他者への不信感、恐怖感でいっぱいになるのも無理はありません。

そして、チック症状、脱毛、頭痛、腹痛、発熱などの身体症状、不眠、拒食、過食、昼夜逆転、ゲーム漬け、マンガ漬けの無為に見える生活、リストカット、ひきこもり、家庭内暴力、自殺未遂など、さまざまな症状や状態像が出てきますが、これらが不登校を否定的に見る状況のなかで、二次的に出てくることであり本人の苦しさを表しています。

その関係を理解しているのかしていないのか、過剰な薬漬け、入院加療が行われる状況も私たちは心配しています。

このように見ると、不登校への認識、対応、政策も変わる必要があります。それも子ども中心を軸にしてこそ、変えていけるのです。

子どもたちの居場所の必要性から東京シューレをつくり、子どもたちの学ぶ権利、育つ権利を守り、拡充するために、フリースクールとして二五年の活動をしてきました。そして、それは子ども中心の教育活動を市民でつくり出していくことでありました。

それをもっと社会に生かしたい、このようなフリースクールの教育活動を、社会のなかに正規の教育として位置づけることで、公的支援が得られ、不利益や格差を背負っている不登校の子どもたちの権利をもっと拡充し、グレードアップしたいという思いが、このシューレ中学をつくり出しました。

　つくって三年、やってみないとわからない大変さもありましたが、基本的にはおもしろいと感じる毎日です。子どもから教えられることばかりで、一日として同じ日はなく、学校をつくっていく手ごたえを実感しています。行政からのうるさいしめつけがあるわけでもなく、自分たちで「ああでもない、こうでもない」と意見交換し、試行錯誤しつつ、その力量が問われながらも、自由につくっていくおもしろさがあります。

　そして、フリースクールでは出会えなかった子どもたちや親の方々、フリースクールではやれなかったこと、ＮＰＯと学校の二つの法人があったからできたことなど、いろいろな新しいことが展開してきました。

　よって立つところは「建学の精神」（巻末に記載）です。子ども中心とは、子どものいのちを大切にする、子どものいのちのありように寄り添うということです。社会の枠組みにはまる子どもにしようとする前に、その子は一人の尊厳ある生命体である、そこに畏敬の念を持つということです。日本の教育は長い間、子どもという生命を大切に育み伸ばすのではなく、そういう名目を掲げつつ、優劣をつけ、競わせ、自分はだめな存在だと思わせ、不安や苦しみを与えることの方が多かったのではないでしょうか。

　だから、子どもは反抗するか自らを閉じるか、見切りをつけるか、あきらめていい子を演じるか、歪んだ方向にエネルギーを発散するか、そのようにするしかなかったのではないでしょうか。

私たちはまず、子どもはかけがえのないいのちをもった存在であることを基本におきたいと考えています。「かけがえのない」とは、ほかに代わるものはないということです。四六億年かかって現在がある長い長い地球の歴史のなかでも、同じいのちはなく、何十億人の世界人口のなかでも唯一無二です。そして失われれば、何億年経とうが同じ存在は二度と出現しないでしょう。いのちの誕生にも、父親の何億の精子と母親のたった一つの卵子が無事結合し生まれた稀有の存在なのです。

かけがえのない一人ひとりのいのちのあり方は本当にいろいろです。そして変化していきます。そのいのちのあり方に寄り添いながら、そのいのちが幸せに育つことをめざす、それを基本とします。子どもを大切にする原点はそこにあります。

そして、生命体であるということは、自ら成長力を持っている、という認識が必要です。子どもは、指導してやらないとできないとか、大人に従って当然などではなく、その成長力をじゃませず、発揮しやすくすること、そのためには、子どもの成長力を信頼し、子どもの自己表現、自己決定を重んじることが重要です。そうすれば、自分に自信を持っていくことにつながります。興味あるものを大事にする、やりたいことを応援するのもいのちの理にかなっており、エネルギーも出やすいのです。やりたいもののなかにやりたくないことも必ず入っていますが、やりたいがゆえに自主性を持ってこなしていきます。自分の人生の主人公に自分がなっていくためには、叱責やほめ言葉で子どもをうまくのせていくというのではなく、そのいのちの個性や力が示しているものを感じ取ることが大事です。

さらにいのちの重みは対等であり、重いいのち、軽いいのちはありません。学校に通っているいのちは重く、学校に行っていないいのちは軽いことはないのです。いのちは多様であり違ってこそいのちと言えるのですが、違いが排除につながる社会構造や人々の意識は変えられなければなりません。

違いがある他者を認め合うことは、そう簡単ではありませんが、他者との関係から自己も他者もともに認識を深め、そして自ら学園づくりに参加して、民主的な関係づくりを学ぶことも経験できるでしょう。またかかわったことでの達成感や喜びも生きる力となるものだと思います。

そして、子どもは多様なあり方へ、出会いや幅広い体験、家庭の愛情深いまなざしやふれあいを通して豊かに育っていくと思います。シューレ中学では親との連携や地域、NPOとのつながりを大事に考えています。そして、地球という星に住む生き物と人間が、同じようにかけがえのない存在であり、平和や人権や環境などの人類的課題を考え、行動する人が育ってくれることを願っています。

三年間の実践は、子ども中心の教育の方向が間違っていないばかりか、子どもが生き生きと育つうえで、基本的に大事なのだという実感を得てきました。第三者評価委員会で出していただいた報告書にも大変励まされ、私たちの方向性をあらためて確認でき、エンパワーされました。次の部分は、とりわけ心強くなる指摘でした。

「東京シューレ葛飾中学校では、現在、歪んだ形で進行している『競争主義教育』ではなく、子どもと保護者と教職員が、ともに創り続け、ともに成長していく『共創共育』を目指しているといえよう。そこでは、子どもを学校に合わせるのではなく、子どもに合わせた学校をつくろうとしている。この取り組み・実践は、不登校の子どもを対象としていることから派生する特徴があるとはいえ、どんな子どもにとっても欠かせない教育の要素が含まれている」（二〇〇八年九月　第三者評価委員会報告書）

しかし、厳しい現実があります。子どもによりますが、傷ついたり、人が信じられなくなったり、もうどうでもいいという気持ちになったりしている場合、自他を信じ、夢や希望を手にして自分らしく生きていくためには、心理的安定がどうしても必要です。裏切られた大人への思いは、そう簡単に払拭できないこともあります。また家庭事情にものすごく苦しんでいる子もいます。それに粘り強く、時間をかけてかかわり、子どもが自分を取り戻してきた時は、とてもうれしい瞬間です。

また、人を求めつつも、人がこわく、多くのことを楽しくやりたくても、数人でもこわくて入れない子もいます。少しずつ堅い氷がとけていくように、その子の気持ちを考えながら、緊張がゆるみ、笑顔が増えるその時を待ちます。

学力を身につける機会がなかった子もいます。学習したい、高校に行きたいと言葉には出ますが、そう学習は簡単ではありません。わからないとかつまらないと感じると、二度と学習に参加しなくなったりすることもあります。自分の学年のわりにできていないことを人に知られるのが絶対にいや、という子もいます。平気になるまでに、時間が要るのです。

これらの課題のもとに、大きく横たわっている問題があります。それは不登校を否定的にみる社会の価値観です。

フリースクールでもずっと考え、取り組んできた問題です。「不登校では困ったなあ」「この子が行ける学校がないかなあ」と悩んできた親の方々に、それをわかってもらう努力は毎年大きなエネルギーが必要です。しかし、不登校をした子どもが、たとえ今通学できているにしても、不登校のとらえ方が否定的なままだと、あとの人生にもさまざまな影響があり、暗い部分をかかえてしまって、本当に幸せな気持ちで生きていけないでしょう。また、シューレ中学の卒業生であることが誇りを持って語れないでしょう。

現在、どこのフリースクールでも、シューレ中学でも、LD、ADHD、アスペルガー症候群など、「発達障がい」といわれる子どもたちが少しずつ増えています。私たちは、発達障がいも個性のあり方の一つととらえ、その子どもをどう治すかではなく、その特徴を持っている子どもから見て、生きていきやすいように環境や関係をどう調整していくか、その子が伸びていきやすいようにどうするかを考えこの本にあるような実践を重ねてきました。その結果、非常にいい結果も出ましたが、私たちの理解や対応の不十分さから、子どもをイライラさせたり不安が除けなかった点もあります。子どもどうしの関係は、子どもに助けられて時間とともに良くなっていった例が多いのですが、とりわけ出会いの一学期は、厳しいものがあり、子どもや保護者と信頼感を失わないようにしながら、その子にとっての最善の利益を追求していきたいと思っています。何しろ、教育は子どもにとって権利なのですから。

いま私の手元には、私たちが大切に、そして指標にもしたい「不登校の子どもの権利宣言」があります（巻末に記載）。子どもの権利条約を一年以上学んだフリースクール東京シューレの子どもたちが、経験・意見を出し合い、夏休み返上で起草し、第二〇回夏の全国子ども交流合宿で採択されたものです。ここには、今何が必要か、大人たちが理解し実現すべき課題が示されているとも言えます。この権利宣言をふまえた教育とは、子ども中心の教育であり、子ども一人ひとりを大切にできるための多様な教育だと思います。フリースクール全国ネットワークでは現在、不登校政策を変えたり、新しい法律をつくり多様な教育が実現できるような仕組みをつくろうとしていますが、単に一つの家庭、一つの学校で協力して解消するのではなく、日本の教育をもっと変えていく必要があると思っています。

市民の力で生み出したこのユニークな東京シューレ葛飾中学校の実践が、日本の教育を変えていくために、リアリティをもった参考となればうれしく思います。

ここで、多くの子どもたちの笑顔がよみがえっています。私たちは、子ども中心の教育こそ、子どものいのちが輝く道であり、またそれは学校教育という枠組みでも可能であろうと思っています。まだ三年間の実践であり、序の口といったところかもしれませんが、多くの貴重な学びをすることができました。これは宝物です。

このような学校を実現するために力を貸してくださった多くのみなさんに、こころよりお礼を申し上げ、建学の精神に掲げた理想に向けて、子どもに寄り添い、子どもとともに、学びの場を創り続けていきたいと思っています。これからも、シューレ中学と、二五周年を迎えた東京シューレを見守り、応援してくださいますように、読者のみなさんに心よりお願いする次第です。

あ・と・が・き

学校へ行かない、行けないという子どもたちがたくさんいる時代にあって、教育はどうあったらいいのでしょうか。私たちはこれまで子どもとともに、実践的にその道を考えてきました。二五年前誕生した東京シューレは、公教育外に子ども中心の成長の場をつくり出し、三年前から公教育内にも子ども中心の多様な成長ができるようにと、この本にある東京シューレ葛飾中学校の実践に取り組んでおります。

時代が変われば、教育も変わる必要があり、子どもの個性、ニーズ、状況がますます多様な現代の日本において、それに対応し、子どもを大切に展開される多様な教育が、実際につくり出される必要があります。それは、大量生産型の近代社会の発展を支えた学校が、時代の変わり目にきて、新しいものを求めているサインでもあろうと思います。

フリースクールを母体に生み出し、行政と市民の連携で開校したシューレ中学の存在の意義は大きく、またさまざまな可能性を秘めているのではないかと思います。

今にして思えば、不登校は否定的に見られつつも、これまでとは異なる新しい教育の地平を開き、教育を多様にしていった宝物でもありました。それに気づいた私たちが、学校に子どもを合わせるのではなく、子どもに合わせる学校を目指して、子どもから学びながらつくってきたのが東京シューレ葛飾中学校です。

そんな一歩を拓いてくださった多くのみなさんに心より感謝申し上げます。

シューレ中学は、区、都、国の行政機関と、NPO法人である東京シューレの四者の連携で開校できましたが、新しい取り組みだっただけに、関係者のみなさんの労は大変なものがあったと思います。とりわけ、葛飾区のご協力がなかったら全く実現していなかったでしょう。区長をはじめ、企画課、施設課、教育委員会、新小岩地域のみなさん方にお礼申し上げます。

また、NPO法人東京シューレの子ども、保護者、スタッフ、支援者、OB・OGやその保護者など、多くのみなさんがつながりあい、開校のための資金づくりや労力の提供、図書寄贈など多くのご協力をいただき、それらの力によってこの学校は実現しました。そして開校してからも地域や行政、教育関係者、識者の方々、フリースクール関係や親の会のみなさん、学生、研究者、ボランティアの方々に支えられております。そのことに厚くお礼申し上げるとともに、すべての子どもたちが幸せに育つ社会となるよう、これからもともに考え力を貸していただければ幸いです。

最後に、この本の出版にあたりシ東京シューレ出版の小野利和さん、須永祐慈さんには大変お世話になり、ありがとうございました。無理を言ってこぎつけていただきましたが、東京シューレ二五周年の節目に出版できることをうれしく思っており、感謝申し上げます。

二〇一〇年七月

奥地　圭子

学校法人東京シューレ学園　東京シューレ葛飾中学校

「建学の精神」

我らは、さまざまな事情で学校に行かない・行けない子ども達が、安心して学び育つ学園を設立し、自らが価値ある存在と自覚し、豊かな個性と社会性を持った人間の育成を期して、ここに建学の精神を定める。

（1）　子どもは、かけがえのない生命を持った存在である。本学はその一人一人の生命のあり方を尊重し、その生命のあり方に寄り添いつつ、その生命が幸せに育つことを教育の基本におくものである。

（2）　子どもは自ら成長力を持つ。その力を最大限に発揮できるためには、それを信頼し子どもの自己表現、自己決定を重んじ、子どもが自らに自信をもつことが重要である。本学では、そういった教育環境を用意し、本人の興味・関心や自主性をおおいに伸ばし、自己の人生の主人公として、堂々と歩めるように支援していくものである。

（3） 子どもは、さまざまな他者との関係から育ち、自己認識を深める。本学では、子どもが創り、子どもと創る学園として、民主的な人間関係や、自由と責任を実際的に学ぶと共に、自他への信頼感と生きる力の源となる達成感や喜びを得ていくものである。

（4） 子どもは、学校のみで育つものではなく、多様な人々や生き方との出会いと広い世界での体験、家庭を含めた愛情深いまなざしやふれあいから豊かに育っていく。そのために本学では、親との協力関係を重視しつつ、地域連携型の学校として、地域・行政・ＮＰＯとの協働作業による教育を展開するものである。地域資源は無限の教材であり、フィールドである。

（5） 子どもは、未来に生き、これからの日本社会、国際社会を担う存在である。そのため、本学は、平和・人権・環境などの人類的課題を真摯に考え、行動する人を育成するものである。

以上をふまえ、子ども本人にとっても、社会にとっても、希望に満ちた学園を建設していくものである。

「不登校の子どもの権利宣言」

前文

私たち子どもはひとりひとりが個性を持った人間です。しかし、不登校をしている私たちの多くが、学校に行くことが当たり前という社会の価値観の中で、私たちの悩みや思いを、十分に理解できない人たちから心無い言葉を言われ、傷つけられることを経験しています。不登校の私たちの権利を伝えるため、すべてのおとなたちに向けて私たちは声をあげます。おとなたち、特に保護者や教師は、子どもの声に耳を傾け、私たちの考えや個々の価値観と、子どもの最善の利益を尊重してください。そして共に生きやすい社会をつくっていきませんか。多くの不登校の子どもや、苦しみながら学校に行き続けている子どもが、一人でも自身に合った生き方や学び方を選べる世の中になるように、今日この大会で次のことを宣言します。

一、**教育への権利**

私たちには、教育への権利がある。学校へ行く・行かないを自身で決める権利がある。義務教育とは、国や保護者が、すべての子どもに教育を受けられるようにする義務である。子どもが学校に行くことは義務ではない。

二、**学ぶ権利**

私たちには、学びたいことを自身に合った方法で学ぶ権利がある。学びとは、私たちの意思で知ることであり他者から強制されるものではない。私たちは、生きていく中で多くのことを学んでいる。

三、**学び・育ちのあり方を選ぶ権利**

私たちには、学校、フリースクール、フリースペース、ホームエデュケーション（家で過ごし・学ぶ）など、どのように学び・育つかを選ぶ権利がある。おとなは、学校に行くことが当たり前だという考えを子どもに押し付けないでほしい。

四、安心して休む権利

私たちには、安心して休む権利がある。おとなは、学校やそのほかの通うべきとされたところに、本人の気持ちに反して行かせるのではなく、家などの安心できる環境で、ゆっくり過ごすことを保障してほしい。

五、ありのままに生きる権利

私たちは、ひとりひとり違う人間である。おとなは子どもに対して競争に追いたてたり、比較して優劣をつけてはならない。歩む速度や歩む道は自身で決める。

六、差別を受けない権利

不登校、障がい、成績、能力、年齢、性別、性格、容姿、国籍、家庭事情などを理由とする差別をしてはならない。

例えばおとなは、不登校の子どもと遊ぶと自分の子どもまでもが不登校になるという偏見から、子ども同士の関係に制限を付けないでほしい。

七、公的な費用による保障を受ける権利

学校外の学び・育ちを選んだ私たちにも、学校に行っている子どもと同じように公的な費用による保障を受ける権利がある。

例えば、フリースクール・フリースペースに所属している、小・中学生と高校生は通学定期券が保障されているが、高校に在籍していない子どもたちには保障されていない。すべての子どもが平等に公的費用を受けられる社会にしてほしい。

八、暴力から守られ安心して育つ権利

私たちには、不登校を理由にした暴力から守られ、安心して育つ権利がある。おとなは、子どもに対し体罰、虐待、暴力的な入所・入院などのあらゆる暴力をしてはならない。

九、プライバシーの権利

おとなは私たちのプライバシーを侵害してはならない。

例えば、学校に行くよう説得するために、教師が家に勝手に押しかけてくることや、時間に関係なく何度も電話をかけてくること、親が教師に家での様子を話すこともプライバシーの侵害である。私たち自身に関することは、必ず意見を聞いてほしい。

十、対等な人格として認められる権利

学校や社会、生活の中で子どもの権利が活かされるように、おとなは私たちを対等な人格として認め、いっしょに考えなければならない。子どもが自身の考えや気持ちをありのままに伝えることができる関係、環境が必要である。

十一、不登校をしている私たちの生き方の権利

おとなは、不登校をしている私たちの生き方を認めてほしい。私たちと向き合うことから不登校を理解してほしい。それなしに、私たちの幸せはうまれない。

十二、他者の権利の尊重

私たちは、他者の権利や自由も尊重します。

十三、子どもの権利を知る権利

私たちには、子どもに対し、子どもの権利を知る権利がある。国やおとなは子どもの権利を知る機会を保障しなければならない。子どもの権利が守られているかどうかは、子ども自身が決める。

二〇〇九年八月二十三日
全国子ども交流合宿「ぱおぱお」参加者一同

●東京シューレ葛飾中学校 略年表

★開校前★

1985年6月
〈東京シューレ、北区に開設〉

1999年11月
〈東京シューレ、東京都より特定非営利活動法人（NPO法人）認証〉

2002年

7月　閣議決定により構造改革推進本部が設置

10月　特区の規制緩和として「校地・校舎の自己所有要件の緩和」「不登校児童生徒を対象とした新しいタイプの学校の設置による教育課程の弾力化」が文科省より提案

2003年

1月　東京シューレ理事会・父母会「特区による学校づくり」の検討開始／東京シューレ、特区提案を初提出

2004年

5月　葛飾区を含む数箇所に遊休施設の情報を得る／東京シューレスタッフ・保護者で学習懇談会を持つ

6月　葛飾区企画課にNPO法人立学校の設立を提案

9月　葛飾区より、特区実現に前向きな回答を得る

10月　保護者・フリースクールスタッフによる「フリースクールの学校検討会」で学校の具体案を検討開始

11月　葛飾区より学校法人による特区学校の提案を受ける

2005年

3月　保護者会において学校法人による学校設置方針を決定

4月　葛飾区に学校法人による学校設立計画案を提出

6月　NPO総会で特区による学校法人立学校の設立を正式決定

7月　〈東京シューレ20周年〉
葛飾区、教育委員会・区議会等に説明・調整、地域説明会開催

8月　東京シューレ、葛飾区主催の第3回地域説明会へ参加

9月　フリースクールの子どもによる「特区によるフリースクールの学校をつくる子ども評議会」スタート

10月　「東京シューレ学園設立発起人会準備会」設置

11月　葛飾区、東京都、東京シューレによる三者協議

2006年

1月　「東京シューレ学園設立発起人会」発足、記念シンポジウム開催

5月　葛飾区、教育特区を申請

6月　NPO東京シューレ総会、学校に関する案件決議

7月　葛飾区「地域連携・のびのび型学校による未来人材育成特区」が総理大臣より認定

8月　東京都知事に学校法人設立・中学校設置を申請

11月　学校法人設立・中学校設置が東京都知事より正式認可／「学校法人東京シューレ学園」発足（第1回・第2回理事会、第1回学校評議会を開催）／東京シューレ「開校準備室」を設置（設立発起人会準備会から開校準備室事務局に移行）／第1回学校説明会

12月　東京シューレ葛飾中学校設立記念シンポジウム「新しい学校・その口マンを語る」開催、学校説明会同時開催

2007年

2月　1～3年生の選考を実施

3月　開校準備室から学校法人東京シューレ学園に業務移行

4月　開校プレイベント開催

東京シューレ葛飾中学校開校

★開校後（主なできごと）★

4月　はじまりの会／初めての保護者会／はじめての全校ミーティング／はじめての学校運営会議（今後月1）

6月　開校を記念する会／王子・新宿・柏の葉のフリースクールとの初めての交流スポーツ大会（以後定期的に開催）／ようこそ先輩（以後定期的に開催）／親の学習懇談会

8月　箱根夏合宿

9月　稲刈り（以後毎年）

10月　文化祭「大葛祭」

11月　フリースクール カルチャーフェスティバル／修学旅行「そうだ、京都へGO！」

12月　仕事体験（以後定期的に開催）

2008年

1月　子ども企画コンサート

3月　3年生によるシンポ・旅立ち祭

4月　はじまりの会／アウトドア体験（奥多摩）

7月　1周年「おめでとサマー」

10月　修学旅行（広島）

11月　文化祭／カルチャーフェスティバル

12月　仕事体験と報告会・性講座

2009年

1月　学年別社会科見学

3月　思い出づくり／旅立ち祭

4月　はじまりの会

5月　初めてのプロジェクト

6月　2周年合同イベント「東京シューレ子ども中心の教育」

7月　3年生進路についての「いちごミーティング」／2周年「おめでとサマー夏塩」／夏合宿（波崎海岸・銚子）

9月　学年別社会科見学

10月　修学旅行（大阪・京都）

11月　文化祭／カルチャーフェスティバル

12月　仕事体験／仕事体験報告

2010年

1月　プロジェクト発表会

3月　思い出づくり／旅立ち祭

4月　はじまりの会／毎週のプロジェクトスタート

6月　3周年祭

◉
おくちけいこ
1941年東京生まれの広島育ち。
横浜国立大学卒業後 22年間公立小学校教師。
1985年に退職し「東京シューレ」を開設。
NPO法人東京シューレ理事長、
NPO法人登校拒否・不登校を考える全国ネットワーク代表、
NPO法人フリースクール全国ネットワーク代表理事、
NPO法人全国不登校新聞社代表理事、
2007年から学校法人東京シューレ学園理事長／
東京シューレ葛飾中学校校長
主な著書に
『登校拒否は病気じゃない』（教育史料出版会）
『不登校という生き方――教育の多様化と
子どもの権利』（NHKブックス）
『東京シューレ子どもとつくる 20年の物語』（小社）
『子どもに聞くいじめ――フリースクールからの発信』（小社）
ほか多数。

子どもを いちばん大切にする 学校

2010年8月5日 初版発行
著者◉奥地圭子
発行者◉小野利和
発行所◉東京シューレ出版
〒162-0065 東京都新宿区住吉町8-5
Tel・Fax／03(5360)3770
Email／info@mediashure.com
HP／http://mediashure.com
装幀◉芳賀のどか
印刷・製本◉モリモト印刷株式会社
定価はカバーに表示してあります
ISBN978-4-903192-13-0 C0036